CONFORT *Library*...............9

照明[あかり]の設計
住空間の Lighting Design
中島龍興

建築資料研究社

本書の構成について

　この本はインテリアコーディネーター、またそれを目指して学習中の人たちを想定読者として企画編集されています。とはいうものの教科書とは違い、できるだけ平易な言葉を使って、また著者の体験をエッセイ風にまじえながら、わかりやすい解説に努めました。ですから、一般の人が「家を建てる」「マンションをリフォームする」「部屋の模様替えをする」といったときの照明設計、照明器具選びにも十分役立つものとなっているはずです。

　全体は3部構成となっています。最初から順番に読まなければならない、ということはありません。興味のある章だけを拾い読みしても、わかるように編集しています。第Ⅰ部「ひかりの基本」は、照明のもととなる光についての話ですので、実用的なことだけ知りたい方は、とばしてもかまいません。第Ⅱ部「あかりの基礎」は、照明の基本となる人工光源と、照明器具についての話です。第Ⅲ部「照明の空間設計」がこの本のメインで、住宅を中心に、空間を照明でデザインする方法を、実例をまじえながら説明しています。

　やさしい言葉でわかりやすい解説を目指してはいますが、どうしても専門用語が出てきますし、まぎらわしい用語が多いのも事実です。たとえば、白熱電球といえば電球そのものを指し、白熱灯は白熱電球を使った照明器具までを含みます。蛍光ランプと蛍光灯も同様です。

　こうした専門用語については、本文だけでなく欄外の写真解説でも説明していますので参照してください。

照明[あかり]の設計◎目次

序　章　│　照明コンサルタントという仕事 ……………………………… 009

第Ⅰ部　ひかりの基本

第1章　│　はじめに闇ありき ……………………………… 015
目に見える光、見えない光
光が生まれたとき
闇から陰影、陰影から満ちた光の時代へ
世界一明るい国、日本
豊かな光の言葉の世界

第2章　│　明るさと色合い ……………………………… 028
照度と明るさ感の違い
明順応・暗順応と色彩の見え方
快適な明るさ
まぶしい光・グレア
グレアを制御して心地よい光を
光の色合い
光色のデザイン
白い光が好きな日本人
色温度のデザイン
色彩が豊かに見える照明
照度と色の見え方
太陽光のデザイン
自然光のチェック
上から横から、光の採り入れ
昼光との調和を考えた照明

第Ⅱ部　あかりの基礎

第3章　燃焼光源から電灯照明へ……057

初めは火のあかり

ろうそくや油のあかり

ガス灯の発明

人間生活を大きく変えた白熱電球

蛍光ランプの登場

新しい光源

使いこなしたい人工光源

　　白熱電球／経済や効率だけが照明ではない

　　蛍光ランプ／省エネルギーで演色性も進歩

　　HIDランプ／住宅照明に応用できるか

第4章　照明器具の選び方……078

カタログ活用法

ペンダントとシャンデリア／吊り下げ器具の新しい応用

ウォールライト／取り付け高さが意味をもつ

シーリングライト／日本のあかりの代表格

スポットライト／ハイライト効果を

スタンド／置き型器具の4種類の光

　　シェード型・グローブ型・リフレクター型・トーチ型

ワイヤー取付け照明器具

ダウンライト／配光データなしでは選べない

床埋設器具／非日常的な光を放つ

建築化照明用器具／空間に広がりを生む

屋外の照明

調光とセンサ／どこまで可能か照明のオートマティック

第Ⅲ部　照明の空間設計

第5章　照明設計の流れ……………………………112

仕事の70％は基本設計で決まる

イメージのヴィジュアル化

　　光のイメージ図およびイメージ写真

　　コンピュータグラフィックス(CG)

　　光の模型・モックアップ

照明方式の検討

照度計算をしよう

照明器具費と電力費

イメージを具現化する実施設計

最後の仕上げとして欠かせない光の調整

10年経っても快適でありたい

取付けは交換や掃除のしやすい位置に

第6章　住宅の照明設計……………………………131

変化に乏しい日本の照明

玄関／求められる歓迎の光

階段／安全に昇り降りするために

廊下／誘導効果を高める照明

リビングルーム／劇場的考えの導入を

ダイニングルーム／おいしい食事のために

キッチン／作業面を明るく

サニタリー／あかりが創るリフレッシュ空間

寝室／明るすぎず暗すぎず

和室／伝統の空間を現代のあかりで

子供部屋／個々の現状に合わせて変化を
書斎／電子時代の照明計画
庭／ロマンをつくりだす照明

第7章　住宅照明の実例 ……………………………… 156
ワンルーム賃貸住宅の照明計画
店舗併用住宅の照明計画

序章
照明コンサルタントという仕事

照明のデザイナーとコンサルタント

　最近になって日本でもようやく、照明デザイナーや照明コンサルタントという職能が知られるようになってきました。しかし、具体的にどのような仕事をしているのか、よくわかっている人はまだ少ないでしょう。ペンダントやフロアスタンドなどの照明器具を指して、「ああいったものをデザインしているのですか」などと聞かれることが、私もあります。確かに器具そのものをデザインすることも、私たち照明デザイナーの仕事のひとつです。しかし実際には、照明によって建築や空間を美しく輝やかせ、そこで生活する人が快適に過ごせるように照明効果を考えることが、照明デザインの主な仕事となっています。建築空間全般にわたっての照明デザインであり、器具のデザインの範囲をはるかに超えるものです。

　私自身は照明デザイナーというよりも、照明コンサルタントだと思っています。デザイナーとコンサルタントの違いは、たとえば浮世絵版画の絵師と彫師・摺

師の違いともいえるでしょうか。絵師が描いた絵をもとに、彫師は色数を考えて何枚かの版木を彫り起こし、摺師はその各色の版に色を重ね合わせて創造的な浮世絵をつくりあげるわけです。空間という輪郭がすでにあって、そこに光を加えて景色をつくるという点で、私の仕事は絵師よりも彫師や摺師と似ているかなと思えるのです。

　もともと照明コンサルタントの仕事の一端は、照明器具販売会社が自社製品をPRするためにサービスでおこなってきた経緯があり、職能として十分に確立しているとはいえませんでした。照明コンサルタントといわれる職能が市民権を得たのは、アメリカ合衆国で1940年代以降のことです。

照明コンサルタントのさきがけ

　リチャード・ケリーという人がその先駆者で、今日でも多くの照明コンサルタントは、なんらかの形で彼の影響を受けていると思われます。アメリカでは彼のことをグレート・イルミネーターと呼んでいたようですが、彼の仕事の足跡を本で読んだり、現在でも引き継がれている彼の考案した照明手法をみると、確かにその名がふさわしい人物だと思われます。ケリーの代表的作品は、建築家ルイス・カーンとの共同作業になるキンベル美術館（アメリカ合衆国フォートワース）で、自然採光と人工照明の計算された調和は、いまでも高く評価されています。

　私は照明の仕事を始めてまもなく、ニューヨークにあるシーグラムビルを見学する機会がありました。このビルは玄関ホールにピカソの壁画があることで有名なのですが、この壁画を含めて、壁面全般が美しく照明されていたのを記憶しています。後から聞いたところ、この照明もケリーの仕事でした。

　リチャード・ケリーは、学生時代に科学と建築を専

攻しましたが、照明に関する初めての仕事は器具のデザインでした。その後、劇場照明を学ぶ機会に恵まれ、そこで光が視覚心理に大きく影響することを知ったようです。照明ひとつで人の感情を快適にすることもできれば、不快にさせることもあるということを、身をもって学習したのでしょう。

　ケリーは3つの光をあやつることで、あるときは美しく、またあるときは快適な光を、空間に創造する技術を得たのです。ひとつは空間全般を優しく覆いつくすようなアンビエント照明、次に対象を明瞭に見せるためのハイライトのような照明、そしてキラキラと光り輝く遊び心のある照明です。彼の手にかかると、光によって、建築が見違えるように生き生きとしてきます。アメリカの建築家の多くが彼をパートナーにしたがったそうですが、その気持ちがわかる気がします。

日本での照明設計

　日本で照明コンサルタントの職能が確立しだしたのは、おそらく1970年代だと思われます。私も1980年代後半に照明コンサルタントとして独立し、おもに橋のライトアップや、公園、ホテル、公民館、集合住宅などの空間の照明設計をしてきました。

　日本で照明設計が市民権を得ることは、アメリカに比べて20～30年ほど遅れたわけです。その理由はいくつか考えられますが、なかで第一にあげるとすれば、日本人の照明に対する関心の問題にあるといえるでしょう。たとえば、ほとんどの照明器具費は建築費の中に見積もられており、その建築を施主が購入する仕組みになっているため、照明にどれほどお金をかけているかの意識を持てないのです。もちろんこのようなケースはアメリカでもありますが、日本のほうがより顕著だと思われます。

　日本の施主の多くは、照明はローコストで照度が出

ていればよいと考えているため、とくにオフィス・工場・学校などの照明は照度計算中心の設備設計の中で処理されてしまいます。そのため、照度よりも光の景観や快適性を重視している照明コンサルタントには、仕事の出番がなかったのです。

香港で出会った超高層ビル群の大夜景

1960年代後半、まだ学生だった私は、船で東南アジアに出かける機会を得ました。沖縄、そして台湾を経由して夜の香港に着いたとき、私はそこで自分の人生を変える光景に出会ったのです。

船がヴィクトリア・ハーバーに入港したのは、少し蒸し暑い夜で、涼を求めて甲板にでた私は、眼前に広がる超高層・高層ビル群の光にあふれる窓明かりを見て、呆然としてしまいました。日本にはまだ超高層ビルがなかったせいもあり、見たこともないスケールの大きな光の美しさに感動し、そのとき私は初めて照明に憧れ、そのような仕事に就きたいと思ったのです。

のちに私は運よく照明会社に入社することができ、今日に至っていますが、入社してからもしばらくは、照明器具をデザインする照明デザイナーは知っていたものの、建築空間全般を光で演出する照明コンサルタントという職能があることは、知りませんでした。そのころ、日本の多くの照明会社がおこなっていた照明設計は、照明器具選びや照度計算が主で、今から見ればかなり機能的で、外見的な内容だったように覚えています。

しかし私は年々、照明設計が高度になっていく過程を見てきました。1970年代後半、日本の照明設計家の多くは、アメリカの照明に大きな影響を受けましたが、私もその一人です。

以前、勤めていた会社にアメリカのライティング・コンサルタントがいて、何度となくいっしょに設計を

しながら彼らの仕事ぶりを見る機会がありました。彼らは単に光源や照明器具について熟知していればよいというのではなく、照明したい空間や対象の性質（建築デザイン、建築およびインテリアの材質や色、仕上げ）、家具、ファブリックなどと人間の視覚心理、生理特性といった要素まで、詳細に考えて設計していました。もちろん、照明経済においても同様に、かなりシビアに検討されていました。

　それを見て、照明の奥深さに、あらためて感心せずにはいられませんでした。芸術と科学が見事に融合した照明設計が、そこにあったのです。

快適な光を創造する

　日本でも、照明に関心をもつ施主やクライアントが年々、増えてきました。さまざまな建築やランドスケープが、照明コンサルタントの手にかかるようになってきたのです。

　しかし、日本で照明コンサルタントの仕事の対象になる空間は、おもに橋梁などの土木的価値のある建造物や、市民ホール・美術館などの公共建築に多く、住宅のようなプライベートな空間は、なかなか仕事になりにくいのが現状です。

　照明を設計する者の腕の見せ所は、普通の人には見えない光を視覚化し、快適な光を創造することです。シャンデリアなど光のオブジェ的な要素の強いものはともかく、照明器具が光るのではなく、インテリアや建築空間を美しく光らせることが照明設計の真髄です。そのためには、光らせる対象物が十分でないと、照明による空間表現はむずかしいものとなってしまうのです。

　しかし最近、少なくとも私の仕事の中では、住宅空間が増えているという実感があります。その多くは、建築家や住宅会社からの依頼によるものです。照明は

おもに建築家と施主の共同作業になっています。お互いが十分に理解しあえれば、照明デザインはこれからますます高い水準で発展していくに違いないと、私は確信しています。

第 I 部
ひかりの基本

第 1 章
はじめに闇ありき

目に見える光、見えない光

　照明について勉強するときは、初めに必ずといってよいほど「光とは何か」を学びます。この本もその例外ではないのですが、ここでは、ごく簡単に述べるにとどめておきます。

　一般的に光というと、目に明るい感じを起こさせるものをいいますが、物理的には、光は電磁波のひとつということになります。少しむずかしい説明になるかもしれませんが、人の目を刺激して視神経を通って脳に伝達されたときに、物の形と色を見せる電磁波があり、これが光なのです。

　言い方を変えると、電磁波のなかで、電波よりも波長が短く、X線よりも波長が長いエネルギーが、光で

す。この光のなかには目に見える光（可視光線、一般的に光といえばこれを指す）のほかに、目には見えない光（赤外線・紫外線）も含まれます。

　中学や高校の理科の実験で、太陽光をプリズムに通して、壁に虹を映したことがあると思います。あの7色に分かれた光が**可視光線**で、この可視光線の赤色の外側（長い波長域）に赤外線があり、紫色の外側（短い波長域）に紫外線があるのですが、いずれも人間の目には見えません。

　赤外線にはおもに温熱効果があります。**紫外線**には日焼け作用や殺菌効果があり、また蛍光体を発光させたりもします。太陽光線をプリズムで分光したとき、赤色の外側で目には何も見えないところに温度計を置くと、温度の上昇が確認できますし、同様に紫色に隣接した何も見えないところに蛍光塗料を置くと、それが発光します。

　このような目に見えない光も照明では、重要な意味をもちます。なぜならば太陽光だけでなく、一般照明用光源からの光も、多かれ少なかれ、このようなエネルギーを持ち合わせているからです。とくにそれらを必要以上に摂取すると、人や環境に対して悪影響を及ぼすことも考えられます。したがって、空間機能によって有害なエネルギーだけをいかにカットするかも、照明設計上の課題になります。

　たとえば、美術館や博物館空間の絵画や古美術品は、照明光源の赤外線・紫外線によって退色したり変質するおそれがあります。店舗においても、高級商品のなかには、このような光に弱いものがあります。そのため照明による変退色から貴重な作品や商品を守るために、光の量を抑えたり、フィルターなどを使って必要のない波長を制御したりするのです。

　以上のことから、可視光線だけでなく紫外線や赤外線も含めて、これらの波長域を、照明で扱う光として

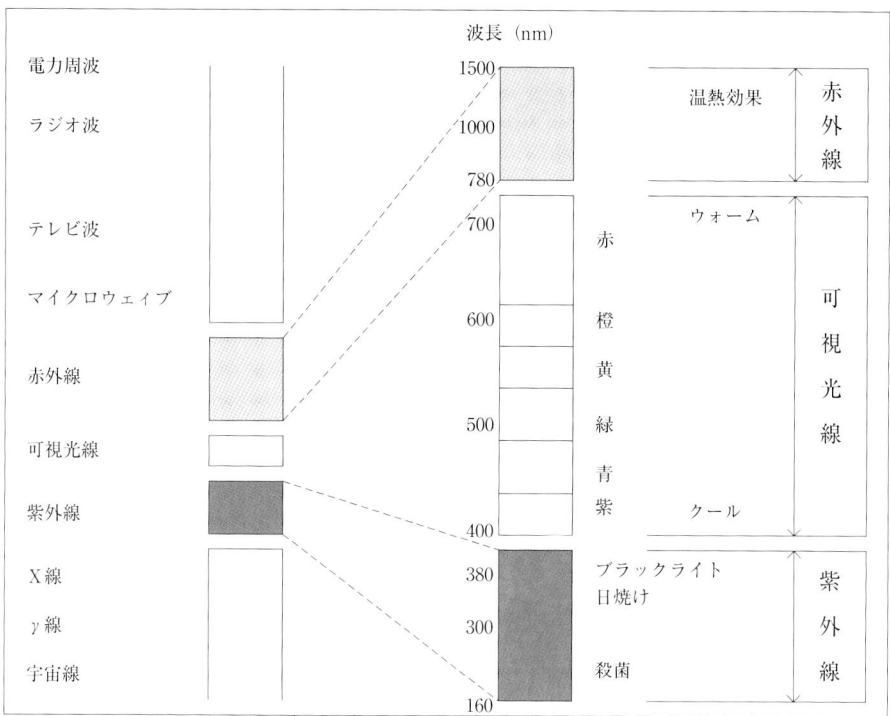

照明で扱う光 光というエネルギーは波をもって振動しており、そのサイクルを波長という。波長の長さによって光の性質は異なり、可視光線の波長は一般に380nmから780nm（100nmは10000分の1mm）だが個人差がある。動物によっても見える波長は異なり、モンシロチョウやミツバチは紫外線域が見え、マムシは赤外線に反応する。紫外線や赤外線は人間には見えないが自然光や人工光源から放射されており、その放射量や放射時間によって人体やものに対して良くも悪くも影響を与える。長時間明るさを必要とする空間で、とくに光に敏感に反応するものがある場合、可視光線のみならず紫外線や赤外線の制御も必要になる。

います。

光が生まれたとき

　なにやら、むずかしそうな話になりました。物理に弱い人は、この時点で照明への興味が遠のいてしまうのではないかと心配です。そこで別の角度から、光を説明することにしてみましょう。

　いまから約150億年前まで、宇宙は沈黙の闇の世界でした。あるとき、その闇を切るかのように光が現われました。それがビッグバンです。なぜビッグバンが起こったかはわかりませんが、見た目では何も存在しないはずの闇から、星々が生まれたことになります。もしこれが事実であるとすれば、闇が光をつくり、闇があらゆる生命の誕生の源になった、ということになるのでしょうか。

人類が初めて目にした光は、疑いもなく、太陽や月、星に代表される自然光です。以来、私たち人類はこれらの光の恩恵を受けながら、光と共生して進化してきました。したがって誰もが、光とは何であるか、なんとなくわかっているはずなのですが、触れて感じることができないためか、その実体を正しく説明することはなかなかむずかしいものです。

　結局、得体の知れないすごいものとして、古代の人は光を神と結びつけたのではないでしょうか。

　古代人が崇拝していた宗教において、多くの場合、光は幸福、生命、天国、希望などの象徴として存在し、逆に闇は不幸、死、地獄などを意味していました。したがって多くの宗教において、闇を払拭するために、灯明や聖火などの光が欠かせません。また一方で、今日のような光に満ちあふれた世界を人工的につくれなかった時代では、火の光をより目立たせるためにも、闇の役割は重要でした。火を使う神事や祭りの多くは、夜の闇の中でおこなわれることに意味があったといえます。

神々しい光　寺院や教会などの宗教建築においては、闇を切り裂く光の演出が重要なテーマになる。南イタリアのとあるロマネスク教会。写真／桑原荒樹。

闇から陰影、陰影から満ちた光の時代へ

　燃焼光源の発達によって、日本では中世から近世という長い時間をかけて、夜から徐々に闇の漆黒が薄れ、代わりに陰影（薄暗がり、薄明り）の支配するところが拡大してきたようです。そのころ陰影のコントラストを効果的に生かしながら、空間演出を実践してきた人たちがいました。室町時代に幽玄美を重視して能を芸術にまで高めた世阿弥（1363頃―1443頃）、安土・桃山時代に茶の湯を大成した千利休（1522―1591）、その高弟の古田織部（1544―1615）らに代表される人たちです。

　とくに茶の湯の空間演出のひとつ、暁の茶会は、ろうそくや油の光だけの薄暗いなかで始まります。薄明

陰影の演出 われわれの先人は自然光や微量な炎の光を闇の中で見事に操ることで、日常的空間を芸術の粋にまで高めることを可能にした。その光を理解して、今日に伝承してきた多くの日本人は、本来世界に誇れる光の感受性豊かな民族だと思われるのだが……。協力／ミサワインテリアスクール。

かりこそ茶道の原点であり、そのような幽玄の世界に瞑想することで、精神の安らぎと高揚が期待できたと思います。そして茶道は優れた芸術として、今日に受け継がれてきたわけです。もちろん、能や茶道のような陰影の効果的演出を確立したのは、芸術家を中心にした一握りの人たちかもしれません。しかし、この伝統的な演出効果が多くの人々の共感を得て、今日に伝えられているという事実は、日本人は元来、光の感受性についてきわめて高いものをもっている民族であることの表れだと、私は思っています。

こうした日本人の、ほのかな光と陰影を愛する感性は、ふたつの歴史的出来事によって弱められてしまったと私は考えています。

ひとつは明治時代の初めにおこった文明開化です。これは欧米列強に追いつき追い越すため、今まで日本になかった欧米の技術や考え方を積極的に導入することで国の繁栄を図ったものです。このとき、鉄道や電話などの技術と同じように、注目されたのが白熱電球です。エジソンによって発明されてから、まもなく日本に輸入され、そして国産化されました。明治30年代（19世紀末〜20世紀初）以降、白熱電球は信じられない勢いで普及しましたが、その様子が昭和の初期に書か

れた谷崎潤一郎の『陰翳礼讃(いんえいらいさん)』という文明批評エッセイに、興味深く描かれています。

　それは次のような内容です。パリから帰って来た人の話として、
「欧州の都市に比べると東京や大阪の夜は格段に明るい。巴里(パリ)などではシャンゼリゼエの真ん中でもランプを燈(とも)す家があるのに、日本ではよほど辺鄙(へんぴ)な山奥へでも行かなければそんな家は一軒もない。恐らく世界じゅうで電燈を贅沢に使っている国は、亜米利加(アメリカ)と日本であろう」。

　私は日本の世界的な明るさは、蛍光灯の時代に入ってからだと思っていました。しかしそれ以前から、日本人は明るさを好んでいたことが、この文章からうかがえます。谷崎は闇や陰が照明の世界でたいへん意味のあるものであるにもかかわらず、電灯照明の普及でそれが薄れてしまうことを危惧していたようです。たとえば漆器や和菓子、芸妓の白粉(おしろい)の顔などが、白熱電球で見るよりろうそくや油の光で見る方が、はるかによく見えることを、強調しています。

　一方で、明治の半ば生まれで昭和40年（1965）没という谷崎の80年近い生涯を考えると、彼はろうそくやランプ、白熱電球はもちろん、蛍光灯の光も日常生活の中で体験したことと思われます。若い頃はクリスチャンだった祖父の影響を受けてか西洋崇拝者のようでしたが、関東大震災のあと関西に移り住んでから、日本の伝統美に強くひかれていったようです。そんな最中(なか)に『陰翳礼讃』が書かれています。

　しかし、明るさより暗さの中に日本の美があるといってきた彼も、晩年はおそらく高齢による視力低下で、実生活においては陰翳礼讃どころではなかったと思われます。谷崎潤一郎が蛍光灯を使っていたかどうかはわかりませんが、その後、蛍光灯が日本人の光の感受性を大きく変えたことは、疑う余地がありません。

世界一明るい国、日本

　ふたつめの歴史的背景は、第2次世界大戦後の復興の時期に、アメリカの影響を強く受けたということです。照明に関しても、アメリカで開発された蛍光ランプ（蛍光灯）が一般の生活空間に導入されて普及するまで、そう長い時間を必要としませんでした。復興に大切なことは経済ですから、経済的に優れていることは重要でした。また、ランプを露出して使っても日本人にはさほどまぶしく感じられないこと、白く輝く明るい光は近代的（モダン）なイメージがあること、などがあいまって、蛍光灯はあっというまに、住宅照明の主役となっていったのです。

　私の小学生時代（1950年代前半）、家の照明は白熱電球で、その明るさは燭光（＝燭、光度の単位、1燭はろうそく1本分と考えられ、ほぼ1カンデラに相当）でよんでいました。このころの部屋には闇や陰があり、また、電力事情が悪かったせいで停電も多く、夜はろうそくで不安な思いをしたこともありました。中学から高校時代（1960年代後半）、わが家にも蛍光灯がつきました。白い光で何もかもが明るく、部屋が急に真新しく見えたことをよく覚えています。しかし今思うと、蛍光灯の明るい光は利便性を与えた代わりに、先人が生み出した日本独自の光と闇、陰影の文化を消失させたような気がしてなりません。

　日本の照明は、経済の高度成長の波に乗り、ひたすら明るさを求めてきました。気象衛星から夜の地球を撮った写真があります。日本は国土全体が道路照明をはじめとして、公園、車のヘッドライト、広告塔などの光に満ちあふれています。さらにイカ釣り船に代表される光が海上にまで及んで、近海までも煌々と輝やいています。こんなに明るい国は、他に例を見ません。そして闇がないのは、なにも屋外に限ったことではあ

上／**冬の朝日** 夜明けの太陽はまるで一日の始まりを祝うかのように「あからか」と光る。朝日を反射して「きらめく」波は喜びの光。地中海沿岸の南フランス・ニース。
左／**日中の強烈な光** 生命力あふれ、輝きわたる太陽。波は「ぎらぎら」とざわめき、目が痛くなるような反射を繰り返して人の視線をはねつける。韓国・済州島近海。

りません。建物の中まで、まるで昼間のように明るくして、暗がりを一掃しているのです。

　ところで最近では、日本人も少しずつではあるものの、再び陰影や闇について関心を持つようになってきたようです。都心でも夜空の星がもっと数多く見えるように、暗い空の復活を願う動きが見られますし、また環境問題から生じる省エネルギーの観点から、意味のない照明を減らしていく方向も、一部で見られるようになりました。これは、照度が低下した分、照明の演出効果を考えることで、雰囲気や見え方の向上を図ろうとしているものです。

　自然光は地上のすべてを明るく照らし出すだけではなく、私たちをあるときは快活な気分にさせたり、あるときはリラックスする雰囲気を醸し出したり、といった心理的効果があります。同じように人工光源も、その演出表現によって人々の心を動かすものでなければなりません。視作業空間には明るく質のよい電灯照

上／**シルエット効果** 木々はたそがれ迫る空を背景に浮かび上がる。色や立体感の表現には適さないが、ものの輪郭を詳細に見せる効果があり、透過性の高いガラス食器の照明などに応用される。スウェーデン・ストックホルムの夕焼け。
右上／**クリスマス・イルミネーション** カラフルなランプでデザインされた小さな光の群たちが放射する光。このような光の様子を「トゥインクル」といい、楽しさを表現してくれるきらめきは祝祭の光に欠かせない。アメリカ・ペンシルヴァニア州ロングウッドガーデン。

明が必要ですが、疲れた精神をいやしたい場合は、ただ明るいだけの電灯照明より、陰影効果の得られるろうそくや油の光の輝きのほうが、はるかに好ましい光になることがあります。

豊かな光の言葉の世界

照明の仕事に携わる人は、施主やクライアントに照明の質や量を説明するために、光の言葉を持たなければなりません。日本語には、きらきら、ぎらぎら、あかあか、あからか、煌々（こうこう）、燦々（さんさん）、ほのぼの、ちらちら、ちかちか、など、光り輝く様子をあらわす言葉がいろいろあります。しかし、これらの光の違いを、漠然とはわかるものの、正確に使い分けて説明できる人は少ないと思います。

今では英語の方が、具体的にイメージできる言葉が多いかもしれません。たとえば、目の痛くなるような強烈な光はスパークル、星のまたたきのようなかすかな断続的な光をトゥインクル、光沢のある面がまぶしさなくやわらかく光る様子をラスタ、影絵のように輪郭が明瞭な影はシルエットなど、日本語に負けないくらい響きのよい言葉もあります。

光源の種類によって光の輝きかたが変わります。また、建築や照明器具に使われる素材によって、それら

が光源のもっている輝きを反射、透過、屈折させることで、光源自体のもつ光の性質を大きく変えます。

透過材には半透明の和紙、薄い大理石、乳白プラスチック、ガラス、アラバスターなどがあります。また、ある波長を選択して透過させる素材として、フィルターがあります。これには、カラーフィルター、色温度変換フィルターなどがあります。さらに光の一部を透過させ、一部を遮光する素材として、レース、メッシュ、パンチングメタルがあります。このような透過材は、おもに照明器具の素材として使われます。そして、これらの加工の仕方によって、いろいろな透過光が得られます。

照明学では、太陽や白熱電球・蛍光ランプなど（これらを一次光源という）に対して、その反射によって光る面や、上記の透過面もそれ自体が光れば、光源であるという見方をします。これらは、二次光源とよばれます。

ハイライトという言葉があります。これはスポットライトなどで照明された対象が反射して、周辺より明るく浮き立って見える光のことをいいます。実際に人工照明空間でハイライトを表現しようとするときは、空間全般の明るさの10倍以上の照度を反射率の高い対象に当てます。それが100倍以上の照度になると、その対象自体があたかも光源のように光ります。均一で退屈しそうな光の、まるで曇天のときのような照明空間でも、ハイライトがあると空間が生き生きして、その場の雰囲気が改善されます。それはまるで、雲の切れ間から陽射しがさしこむような感じです。

ウォールウォッシャという、壁面をより均一に明るく照明する手法があります。この照明はまだ日本ではなじみが薄いのですが、最新の公共建築を中心に見ることができます。人は正常視線では垂直面を多く見ているので、壁面照明は空間から受ける印象に多大な影

響をもたらすことがあります。

　もちろん、壁面は素材や仕上げによって、光り方が変わります。大理石や花崗岩(かこうがん)をみがいた壁面をなめるように照明することで、まぶしさのないなめらかでやわらかい反射光が得られますが、同じ壁面を正面に近い位置からスポット照明すると、冷たく硬いイメージの反射光となって目に入ります。前者の反射光をラスタ、後者をグリスンといい、素材が同じでも照明の仕方で光り方が変わります。

　私は学校で照明の講義をするとき、できるだけ多くの素材を使い、光を当てたり透過させたりして、光り輝く様子を生徒に見せるようにします。そしてそれを言葉にして説明しようとするわけですが、その言葉が浮かんでこないような光り方もあります。光の言葉は日本語でも英語でも限られた数でしかないからですが、そのときは、光を言葉であらわす限界を感じます。

　光の言葉は、光源の放射よりも、反射や屈折、透過に関するものが多いようです。その意味で、私たちが照明を考える場合、光源の勉強だけではなく、壁、天井、床面、家具やファブリックなどに光が当たったとき、建築空間に光の共鳴がどのように起こるかを、理論的・経験的に知る必要があるのです。

導く光 空港に隣接するホテルへ人を誘導する照明。壁面に反射したカラーライトが、パンチングメタルを透過することで照明の質を高める。移動する人々の視線に対して光は心地よいちらつきを示し、そこで私たちは歓待されているような気分にひたる。ドイツ・ミュンヘン、ケンピンスキーホテル。

光を透過する教会の壁面 壁は半透過材である大理石で造られ、自然光が壁面を透過することで大理石の材質感が強調される。壁面を背景にしたすべてのものをシルエットに見せ、礼拝時は祭壇がスポットライトで明るく浮かび上がるかのようだ。光と影が、厳粛な雰囲気を醸し出している。スイスのとある教会。

光の反射と透過 多層膜コーティングを施したガラスのオブジェ。虹色の色彩をたっぷり含んだキセノンランプ光や、ミラーに反射した太陽光線がガラスでできた冠のオブジェに反射・透過を繰り返す。降り注ぐ虹色を冠の下で吸収したときには、ちょっとぜいたくな気分になってしまう。ドイツ・ミュンヘン空港。

ハイライト効果　美しい対象が空間から浮かび上がって見える照明効果は、インテリアデザインの質を高めるために欠かせない。基本的にはスポットライトを使い、照明したい対象の立体感と色彩が好ましく見えるようにするが、対象と周辺との照度を２：１〜６：１くらいの割合に設定すると良い。ドイツ・フランクフルトのバートフィベル住宅展示場のダイニングルーム。

壁面のラスタ効果　ガラスや磨きの石などは照明のあて方によって光源が映りこみ、空間の印象を悪くさせることがある。写真は光沢のある石の壁面をなめるように照明することで、壁のなめらかな質感や光沢の内側に潜む石の色を効果的に浮き立たせている。このような反射光をラスタという。香港のパシフィックプレイス。

第2章
明るさと色合い

照度と明るさ感の違い

　照明について、施主の関心事は、まず器具デザイン、次に明るさ、のようです。この傾向は長年、ほとんど変わっていないように思われます。照明は量から質へといわれて久しいのですが、住宅に関しては相変わらず、明るさという量にこだわっている人が少なくないようです。

　明るさといえば、すぐに**照度**という用語か、**ルクス**（lx）という単位が思い浮かびます。照度とは、ある場の明るさをいいますが、照度が高いからといって、必ずしも空間が明るく見えるわけではありません。

　照度は照度計で測定します。最近の照度計は液晶画面に数字で照度を表わす、デジタル式が多いようですが、市販の照度計にはいくつかのグレードがあり、その種類によって測定範囲が決まっています。住宅や店舗、オフィスなどの明るさを計る程度であれば、0.1～20,000lxの測定範囲をもつ、数万円程度の器機で十分です。しかし、照明コンサルタントが使うには、少なくとも0.01～100,000lx程度まで測定できるものが必要です。これは自然光でいえば、月夜の明るさから晴れた日中の最大照度に、ほぼ相当します。

　照度計で照度を測るときは、たいてい床面や机上面

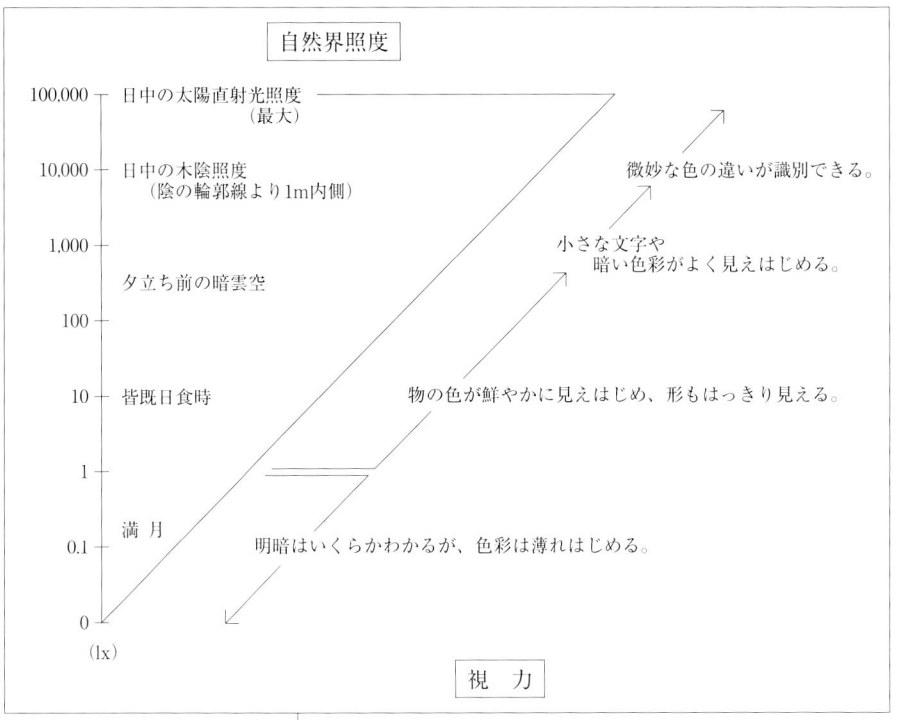

照度と視力 照度と視力の関係を、一般的にいわれていることに加えて、何人かの人に実際に見てもらい、自然界の照度も併記した。人間は夜行性ではないので、どちらかといえば暗さについての視感度がよくない。色彩の詳細を見分けることが求められる高画質の時代で、局部的にますます高照度化していくのだろうか。なおこの関係図は、まぶしい光が眼に入るなどの視覚を妨げる要因がある場合や見る人の視力によって、必ずしもこのようにならないこともある。

の水平面を測定します。JIS（日本工業規格）の照度基準も、そのような面の照度から、その部屋に必要な明るさが出ているかを判断しているようです。そのため基準の明るさを効率的に得るには、天井から床や作業面方向に直接光の当たる照明がよいことになります。しかし、空間の明るさ感を高めようとするのであれば、天井面や壁面に対する明るさも大切です。さらに必要に応じて照明器具自体も、まぶしさのない程度に優しく輝いていることが望まれます。

　1980年代以降、コンピュータの普及により、オフィス照明の考え方が一部で変化しました。たとえばOAルームでコンピュータのCRTディスプレーに天井灯が映り込まないように、従来の下面開放型蛍光灯から、通常の視点では器具が光って見えることがほとんどないグレアレスの鏡面ルーバ付きの蛍光灯に変えたとこ

ろもありました。ところが、CRT画面は見やすくなった反面、部屋が暗く陰気だという意見が作業する人から多く出たようです。そこで、器具や壁面が少し明るい感じになるセミスペキュラルーバ付き器具にするなどの対策がとられています。作業面の明るさは高くなったのに空間は暗く見える、まさに明るさ感は水平面照度だけの問題ではないという典型的な例と思います。

明順応・暗順応と色彩の見え方

　照度計を携帯していない場合でも、トレーニングしだいでは照度の目測がある程度可能です。うまくいけば2～3割の誤差ですみます。私は、掌の見えかたでその訓練をしています。まるで占い師が手相を見るようですが、掌には指紋の細い線から生命線や知能線のような少し太い線まで、3～4くらいの太さの違う線が見えます。たとえば、1000lxの明るさの場では指紋のような細い線が見えますが、10lx以下では一番太い線以外は見えにくくなり、手の血色も薄れていきます。それで、この細い線が見えるから500lx、こちらの太い線がやっと見えるくらいだから20lx、という感じで目測するのです。まだ時計のなかった江戸時代の人たちは、この掌の見えかたを参考に、日の出前30分頃の時刻を知ったようです。

　しかし、このような目測は、ときに大きくずれることがあります。その理由の第一は、掌だけを見ているつもりでも、どうしても空間全般の明るさ感に惑わされてしまうためです。第二に、順応という視覚機能の影響を受けてしまうためです。順応とは明るさに目が慣れることですが、人間が自然環境の変化に対してつねに安全に行動できるようにつくられた、特別の視覚能力といえます。

　目は暗いところから急に明るい光を浴びると、その瞬間はまぶしさにとまどいますが、1分以内で慣れて

北米の典型的なオフィス照明　グレアレスの鏡面ルーバ付き天井灯とオフィス家具に内蔵されたタスク(作業面)照明によるオフィス。天井灯はほとんど輝いていないため目に優しい効果をつくりだしているが、日本人の視覚では照度以上に空間は暗く見える。明るい空間印象を期待するのであれば、私たちの視覚では照明器具がやや輝いているほうがよいかもしれない。

夜の公園でのプルキンエ現象　このブルーの光に迎えられ、さらに奥へ導かれる。暗さの中でブルーの光はよりいっそう映え、十分すぎる誘導効果を発揮している。フランス・パリの未来都市公園ラ・ビレット。

照明[あかり]の設計

きます。これを**明順応**といいます。一方、明るいところから急に暗い空間に入るといっとき盲目状態になり、その暗さに目が慣れるまである時間を必要とします。とりあえず数分で慣れますが、完全に慣れるまでに若い人で30分ほどかかります。これを**暗順応**といいます。この順応過程で照度の目測をおこなうと、誤るのです。

過日、ある和室を借り、「照明夜咄（よばなし）」というテーマで調光付きの電灯と油のあかりで茶会をおこないました。夜の茶会が昔どのような照明のもとでおこなわれたかは、たいへん興味があります。そこでいくつかの資料に基づいて、できるだけ昔の茶室の明るさに近づけるよう再現してみたりもしました。

待合（まちあい）から露地（ろじ）、蹲（にじりぐち）、本席までの動線に置かれた灯火器のほのかな輝きと光のリズムは、静まりかえった闇のなかでまるで生命を得たように呼吸していました。とくに茶を点てる亭主の手もとの茶碗は、60cmくらいの高さの短檠（たんけい）と呼ばれる灯油の光で鮮やかに輝きます。器具近辺の畳面でわずか5lxくらいの照度しかなく、むしろ暗闇に包まれているという感じなのですが、10分ほどで目が暗闇に順応しだすと信じられないほどの明るさとなり、鈍く輝く土色の茶碗と抹茶の緑のコントラストが、どれほど美しいものかを実感しました。

明暗は色彩の見え方をも変えます。一般に照度が高まると色が鮮やかに見えてきますが、10lx以下になるとその見え方は薄れ、1lx以下になると見える色も限られてきます。

1830年代にプルキンエという人が、明るいところではオレンジ色や黄色が同じ明度の青色より明るく見えるのに対し、暗いところでは青色の方がよく見えることを発見しています。これを発見者の名をとって**プルキンエ現象**といいます。しかしプルキンエよりさらに200年以上も前に、日本の茶道を極めた千利休は、そ

暗順応を生かした照明　懐石料理は5lxも満たないろうそくのほのかなあかりに反応している。暗順応している目にとってこの照度は十分すぎるほど明るいことを私は体験した。人間は夜行性動物ではないため、暗闇で瞬時行動できる視覚を備えてはいないが、時間をかけて暗さに目を慣らすと、1lx以下でもものは意外なくらいよく見える。協力　ミサワインテリアスクール。

照度	居間	書斎	子供室 勉強室	応接室 (洋間)	座敷	食堂 台所	寝室	家事室 作業室	浴室 脱衣室
2000									
1500							○手芸 ○裁縫 ○ミシン		
1000	○手芸 ○裁縫								
750		○勉強 ○読書	○勉強 ○読書						
500	○読書 ○化粧(*1) ○電話(*2)						○読書 ○化粧	○工作	○ひげそり (*1) ○化粧(*1) ○洗面
300				○テーブル (*4) ○ソファ ○飾りだな	○座卓 (*4) ○床の間	○食卓 ○調理台 ○流し台			
200	○団らん ○娯楽(*3)		○遊び					○洗たく	
150									
100				全 般				全 般	全 般
75		全 般				全 般			
50	全 般			全 般	全 般				
30									
20							全 般		
10									
5									
2							深夜		
1									

のような現象をすでに知っていたようです。それは彼が夜の茶会で衣装や足袋に、すすんで浅葱色（あさぎいろ）という水色系の色を使っていた記録からうかがえます。

快適な明るさ

あたりまえの話ですが、照度が上昇するにしたがって、空間やものはよく見えてきます。しかし、必要以上の照度は、逆に**グレア**というまぶしい光を生んで、かえってものを見づらくすることもあります。視力は2000lxくらいまでは照度の上昇に合わせて高まっていきますが、それ以上の明るさでは視力の頭打ちが始まり、経済的にも合わないことが知られています。さら

照度基準抜粋（JIS Z9110—1979）
JIS照度基準の住宅および共同住宅の共用部分だけを抜粋したもの。この照度はあくまでも基準で、どうしても守らなければいけないということはない。
表の○印は局部照明で得てもよい明るさで、また全般とは部屋の平均照度をいうが、いずれも経年による照度低下を見込んだ明るさで、初期照度は設定照度より20〜30%ほど明るくなくてはならない。基準照度の上限と下限では倍近い幅があるが、どの照度を選ぶかは生活者の希望を聞くなどして決める。視力の弱まった高齢者がいて明るめにしてほしいといわれれば上限に近い照度、あるいはそれ以上の照度設定が望まれる。

便所	廊下階段	納戸物置	玄関(内側)	門、玄関(外側)	車庫	庭	共同住宅の共用部分		
—	—	—	—	—	—	—	—	—	—
			○鏡		○掃除 ○点検		管理事務室 電話交換室	○受付 集会室 ロビー	エレベータホール、エレベータ洗たく場
			○くつぬぎ ○飾りだな					○浴室 脱衣室 むねの出入口 廊下、階段	
全 般			全 般		—	○パーティ ○食事	—		—
	全 般	全 般		○表札・門標 ○郵便受け ○押しボタン	全 般	テラス 全 般	物置、非常階段、ピロティ、車庫		
			○通路	—	○通路				
						構内広場			
深 夜	深 夜			防 犯		防 犯			

基準照度は一般に廊下や階段は床面を、座卓の場合は床から40cm上の水平面、その他はだいたい床から85cm上の水平面の明るさを指す。局部と部屋全般にあまり強い照度コントラストが生じないように、できれば10：1以内が望まれる。
＊1＝主として人物の顔面に対する鉛直面照度とする。
＊2＝他の場所でもこれに準ずる。
＊3＝軽い読書も娯楽とみなす。
＊4＝全般照明の照度に対して局部的に数倍明るい場所を作ることにより室内に明暗の変化を作り平坦な照明にならないことを目的とする。
(p.155の図参照)

に、グレアが生じるような質の低い照明下では、照度が上昇しても逆に視力の低下現象が起こります。

日本では1970年代のオイルショック前が、いちばん高照度の時代だったような気がします。そのころ私は全国の百貨店約100店舗の照明実体調査をしたことがあります。そのなかで売場の全般照度の調査結果は、明るいところでは2000lx以上あったように記憶しています。

照度は照明の質がともなっていれば、あまり明るくなくても、空間の快適度に貢献します。しかし、一般的な日本人の感覚では、高照度イコール快適と考えられているところがあります。それを裏付けるかのよう

に、住宅照明はいまだに明るさを求める傾向が続いています。ブランドショップでも、明るくすることが売り上げに貢献しているようです。しかし一方で、飲食空間においては個性的な店ほど暗さを積極的に求め、それが成功していることも多いと聞きます。

照度は人の視覚だけではなく、脳にも働きかけるという興味深い報告があります。脳内に松果体（しょうかたい）という光を感じる組織があり、それが誘眠作用をもつメラトニンというホルモンの分泌を抑制するのですが、数百ルクスからその傾向があらわれ、2500lx以上で顕著になるといわれています。このような光の作用は、睡眠障害の予防や活動的な行為を助長したりするので、比較的低照度で設定されている住宅といえども、長時間使用する部屋では、照度を生活行為に合わせて変えられるよう照明設計を慎重に考えなければなりません。

照度は自然界の動植物に対しても、多大な影響を与えます。たとえば、一般的な観葉植物は100lxくらいの照度の室内でも育ちますが、植物によってはそれ以上の照度が求められることもあります。逆に、500lx以上の光を一昼夜浴びせるとよくないといわれたり、光に敏感な農作物は、夜中に街路灯の数ルクスの照度を浴びただけでも、収穫に悪影響を与えてしまうという問題が生じるほどです。

海上に架かる橋梁の照明を設計したことがありますが、その際、海面に0.1lx以上の光を出さないでほしいといわれました。理由は夜に満月以上の明るさがあると、その光に魚が集まり、魚の生態系がくるう恐れがあるからだそうです。

照度は人間生活のためだけではありません。人間にとって快適な明るさでも、動植物にとってそれが快適とは限りません。むしろ好ましくないことが多いようです。その意味で自然と共存を図ろうとする空間では、明るさによほど注意してかからないといけません。

逆光のスポットライトに踊る彫刻
彫刻像を見ていたら、たまたま天井のスポットライトが目に入り、そのせいか彫刻に不思議な躍動感を見た。このような光は視覚低下グレアといい、本来まぶしさのため作品の見え方を阻害し、不快感もともなう。したがって作品をこのアングルから長く見ていたいという気持ちになれないはずだが、そのように見えなかったのはラッキーだったのかもしれない。

まぶしい光・グレア

　スペインのアンダルシア地方では、6月にひまわりの花がいっせいに咲き乱れます。地平線のかなたまで広がるひまわり畑の景色は、実に壮観で感動的です。ひまわりといえば、太陽の光に向かって花が咲くと思っていましたが、それはどうも午前中の現象のようです。私の見たひまわりはすべて、太陽に背を向けていました。まるで初夏のギラギラした午後の陽射しがあまりにもまぶしくて、見ていられないかのようです。

　目を刺すようなギラつく光は、その強さによって暴力的にもなります。以前、TVの刑事ドラマで刑事が容疑者に自白を促す場面がありました。暗い取調室に、刑事と容疑者が机を挟んで向かい合って座っています。机の上には反射笠付きのスタンドが1灯置かれ、ある時そのスタンドの光を、刑事が容疑者の顔に向けるのです。目が暗さに慣れていると、スタンドの光でも目を痛めるほど強烈のようで、まぶしさに耐えられない容疑者は自白を始めるのです。実際にこのようなことがおこなわれているかどうかはわかりませんが、まぶしさの強い光が拷問的に目を痛めることの、わかりやすい例といえます。

　まぶしい光のことを**グレア**光といいます。一般に**輝度**（光源自体の明るさ）が高く、見た目の発光面が大きいほど、まぶしさを感じやすくなります。グレアは前述の拷問的に目を痛めることは別としても、視覚低下や心理的に不快感をもたらす原因にもなります。しかし高輝度でも、発光面が小さかったり、目が明るさに順応しているときは、さほどまぶしく感じなかったりします。たとえば100Wの裸電球は、暗闇ではまぶしくて目が痛いほどですが、日中の明るいところではよほど近くから直視しないかぎり、それほどまぶしく感じません。

(cd/m²)

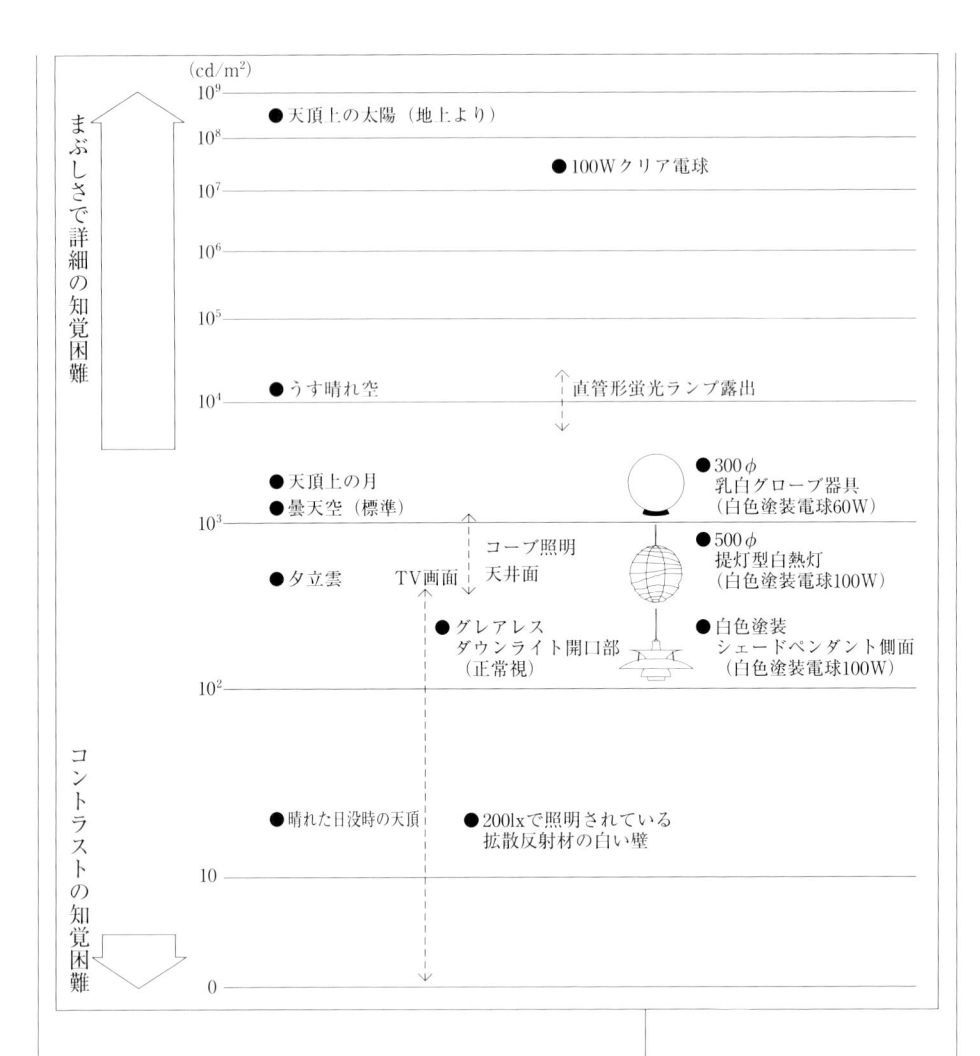

- 10^9
- 10^8 ● 天頂上の太陽（地上より）
- 10^7 ● 100Wクリア電球
- 10^6
- 10^5
- 10^4 ● うす晴れ空　　　↑ 直管形蛍光ランプ露出
- 10^3 ● 天頂上の月　　　　　　　　　● 300φ 乳白グローブ器具（白色塗装電球60W）
  ● 曇天空（標準）
  　　　　　　　コーブ照明　　● 500φ 提灯型白熱灯（白色塗装電球100W）
  ● 夕立雲　　　TV画面　天井面
  　　　　　　● グレアレス　　● 白色塗装シェードペンダント側面（白色塗装電球100W）
  　　　　　　　ダウンライト開口部（正常視）
- 10^2
- ● 晴れた日没時の天頂　● 200lxで照明されている拡散反射材の白い壁
- 10
- 0

まぶしさで詳細の知覚困難

コントラストの知覚困難

光の輝きとまぶしさ

　光源の明るさである輝度は、**cd/m²**（カンデラ毎平方メートル）の単位で表わされます。輝きの度合いがどのくらいかは、輝度計で測定することができます。自然光で桁はずれに強い輝度をもつ光源は日中の太陽光で、もちろん直視はできません。満月の輝きでも2000cd/m²以上ありますが、その見た目の大きさは手を伸ばして持った5円玉の穴と同じくらいの極めて小さな

心地よい光源輝度と不快な輝度

自然光とおもな人工照明光源・器具の輝度を表した。太陽光と100Wの電球を除いて、実測したデータである。光源の輝度は高いほどまぶしく、そのような高輝度の光を直接目に浴びると、照度があっても視覚の低下が起こる。逆に極端に輝度のないところでは暗い影としか知覚できない。光源の輝度には心理的な働きもあり、まぶしさに心地よいものと不快なものが共存している。心地よいまぶしさの代表は、キャンドルライトやクリスマスのイルミネーションなどで、光源の大きさが見かけ上小さいと、輝度が高くても目に心地よい。一方、不快なまぶしさは、高輝度の光源が目の近くで輝いていたり、光源が見かけ上大きく見えるときに起こりやすく、目が暗さに順応しているときなどにも起こる。

光源であるため、不快なまぶしさにはなりません。

長時間在室する空間では、2000cd/㎡以上の輝度で見かけの面が大きい発光体があるほど、落ち着きのない空間をつくってしまいます。そう考えると、日本の住宅照明で多用されている3000cd/㎡前後の輝度をもつ乳白カバー付きの蛍光灯直付け器具は、まぶしい照明と思われがちです。ただ幸いなことに天井中央に付いているため、一般的な広さの部屋では生活視線であまり目に入らないので、さほど気にならないのです。

ホテルの客室でよく使われている器具に、布製のシェード形スタンドがあります。この種の器具はシェード部で1000cd/㎡以下の低輝度が多く、目にやさしいものです。さらに天井面や机上面をある程度明るくしてくれるため、客室にふさわしい器具として定番となっています。もしこれが乳白のガラスグローブで、2000cd/㎡以上の輝きであったらどうでしょうか。おそらくまぶしい光にリラックスできず、お客様にいやがられることは間違いありません。

まぶしさについても、簡単なアンケート調査をしたことがあります。科学的な解析結果ではないので、あくまでも参考として見てもらいたいのですが、約30名の若い人（平均年齢27歳）を対象に、60W白熱電球乳白グローブ（250φ）器具が、どのくらいの輝度でまぶしさを感じるかを調べてみました。暗い部屋である程度暗順応している目で、乳白グローブのみの照明を器具から2～3mくらいの位置で見てもらったところ、フル点灯の4000cd/㎡でややまぶしいと感じた人が7割もいました。調光器で輝度を1000cd/㎡まで下げても、数人がまぶしいといいます。それに対して700cd/㎡まで下げると、あまりまぶしくないと答えた人が8割で、250cd/㎡の輝度でほとんどの人がまぶしくないと答えていました。

私たちは日常生活の中でいつも照明器具を見て生活

しているわけではないので、あまり器具の輝度を神経質にとらえるのもどうかと思いますが、器具が光って見えないと室内が明るく感じないといって、部屋中に輝きものの器具を選ぶ人がいます。インテリアコーディネーターにも、意外と多くこのような傾向が見られます。とくにブラケットやスタンドのように生活視点に入りやすいところに付く器具は、あまり高輝度のものではないほうが無難です。もし器具の輝度がわからないときは、調光器付きにすべきです。そうでないと、高輝度が目に入るだけで神経が高ぶって、ストレスが蓄積されるだけです。

グレアを制御して心地よい光を

日本には、お月見の風習がありますが、満月を直接見てもまぶしくないのは、前述のように見た目の発光面が小さいからです。同じようなことがキャンドルの輝きにあります。キャンドルの炎自体は10,000cd/㎡近くの輝度がありますが、小さな発光体であるため、逆にそれが快いグレア（輝き）に変わります。

北海道の函館は夜景で有名な都市です。街なかで見る夜景は道路灯を中心に、どの都市にでも見られるような景色です。それがひとたび函館山の山頂から函館の街を一望すると、それはまるで宝石をちりばめたように、美しい輝きをもつ夜景に変身するのです。

光を細かく分割して発光面を小さくすることは、輝きの分散につながり、照明の演出上、重要な意味をもちます。器具が増えることでコストアップの要因になるかもしれませんが、ワット数の高い大きな照明器具を1灯つけるより、ワット数の低い小さな器具を複数、配灯デザインを考えながら選ぶ方がよい効果が得られます。

極端な比較かもしれませんが、100Wの裸電球1灯よりも5Wの電球20灯をつける方がまぶしさは緩和さ

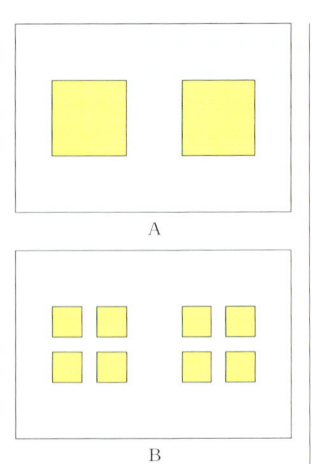

A

B

天井照明のパターン　AはBより明るい感じがするが快適感は薄れる。Bはコスト高の要因になるがAより見た目で美しく快適。大きな発光面照明は、陰影効果が弱く退屈する雰囲気になりがち。そのような雰囲気を改善するには焦点照明（ハイライト）を別に加えるとよい。

不快グレア光のコントロール 人間の視野は上下でそれぞれ50〜70度くらいだが、鮮明に見える範囲はその中のわずか1度くらいと、きわめて狭い。空間全体がよく見えているのは、眼球運動によって注視できる範囲が広がっているからにすぎない。照明では正常視線に対して上下30〜45度以上をグレアゾーンと考え、設計時にそこからまぶしい光（長時間在室している空間で明るい部屋であれば2000cd/㎡以上）が直接目に入らないように器具選定や配灯に留意する。図は8畳くらいの部屋で壁際に正座している視点から正面を見ている場合、天井中央のシーリングライトはあまり目に入っていないことを説明している。したがって照明器具がときおり目に入ってきても、器具自体の輝度が2000cd/㎡以下であればほとんどグレアの心配がないことになる。

（図：3500（間口または奥行き）、シーリングライト、2400天井高、1700、700、正座の視線、50°、30°、30°、50°、正常視）

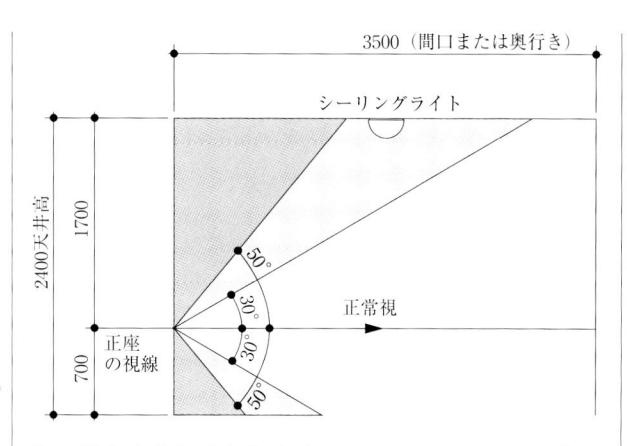

れ、輝きも美しくなります。クリスマスのイルミネーションに代表される小さな光の集合体は、もともと祝祭のためのものでした。まぶしくて不快なグレアが悪玉としたら、小さくきらめく心地よい輝きは善玉グレアといえます。

住宅の照明を考えるとき、よほど広い部屋でないかぎり、生活視点で天井灯はあまり目に入らず、気になりません。とくに日本の住宅は間取りが狭いため、天井灯が多少輝いてもあまり気にならないほど、目に入りません。しかし、そのような器具も鏡やガラス窓などに光が映り込むと、話は変わってきます。光の映り込みが考えられる光沢のある内装材や家具を使用している部屋は、反射するグレアに注意しなくてはなりません。美しい夜景が窓を通して見える部屋を想像してみてください。もし窓に照明器具や部屋の様子が映りこんだら、部屋の雰囲気はそれで台なしです。

日本人の茶色い瞳は、まぶしい光に強いといわれています。それゆえに、グレアに鈍感な体質をつくってしまったようです。照明が悪いといわれる施設を見ると、やたら輝いている器具が目立つか、映り込みの光が多いところです。

私は、照度とグレア制御は常に一体として考えています。つまり明るい空間では多少、輝度のある照明器

左／複数の配灯照明 小型器具を複数配灯し、輝度の分散により照明の質を高めたリビングルーム。建築設計／ウイエデザイン、Tsujido Project。

第2章　明るさと色合い

具をアクセントとして使い、逆に暗い空間では、小さな輝きの集合体以外、輝度をおさえた照明設計をおこなうように心がけています。

光の色合い

　夕立が上がると、陽射しのさしこむ反対側の、まだ暗い雲が残る大空に虹が輝く。昔は都心でもよく虹が見え、夏の風物詩といわれていました。17世紀にアイザック・ニュートンは太陽光線をガラスのプリズムで分光して、青紫から赤色の、およそ380〜780nm（ナノメートル、$1\,nm = 10^{-9}m = 10^{-6}mm$）の波長域の虹を、人工的につくりだすことに成功しました。このような光のグラデーションを、スペクトルといいます。

　このスペクトルは太陽光線だけに生じる現象ではなく、白熱電球や蛍光ランプなどの一般照明用ランプにも存在します。無限の色彩を持つスペクトルが混ざって目に入ったとき、人の脳はそれを白色光と知覚します。これは絵具のようにいろいろな色を混ぜると黒くなる物体色とは、明らかに性格を異にするものです。

　一般照明用ランプの中でも、灯火や白熱電球のように赤色系の多い長波長よりに偏った光源の光色は橙白色に見え、また青空光のように短波長よりに偏った光源の光色は青白色に見えます。このような光源の光色を**色温度**(いろおんど)といい、照明学では**K**（ケルビン）の単位で数量化しています。

　色温度は連続的な波長の白色光の中で表現され、たとえば昼光のように青みがあると色温度は高く、赤みが深まるにつれて色温度は低下します。

　歴史的に見ると、人工照明は火の光から始まり、何十万年とも何百万年ともいわれる長い時間をかけて、今日に至っています。原始的な火の光は、煤(すす)が多く出て燃焼効率が悪かったため、低い色温度だったはずです。たき火の光がおよそ800Kといわれていますので、

太陽光の光色に近づけられてきた人工光源　各種光源（人工光源については第3章参照）の光色を色温度で表したもの。この図から人工光源が日中の太陽光を意識して開発されてきたことがわかる。古来、人間は日中の光で生産活動をしてきたが、現代人の多くは日中でも屋内生活をしいられているため、ミニ太陽のような光色を人工照明に求めても不思議ではない。しかし、その光色を夜にまで持ち込むことはないと思う。夜は昔、火の光を囲んでの団欒があったように、もっと暖かい光色で生活することが真の人間生活を取り戻すために必要なことである、と声高らかに言いたいところだが、逆に時代が違うのだと反論されそうである。どちらにしても光の色は人々の心理面に多大な影響を与えるので、照明設計では無視できない要素であることには違いない。

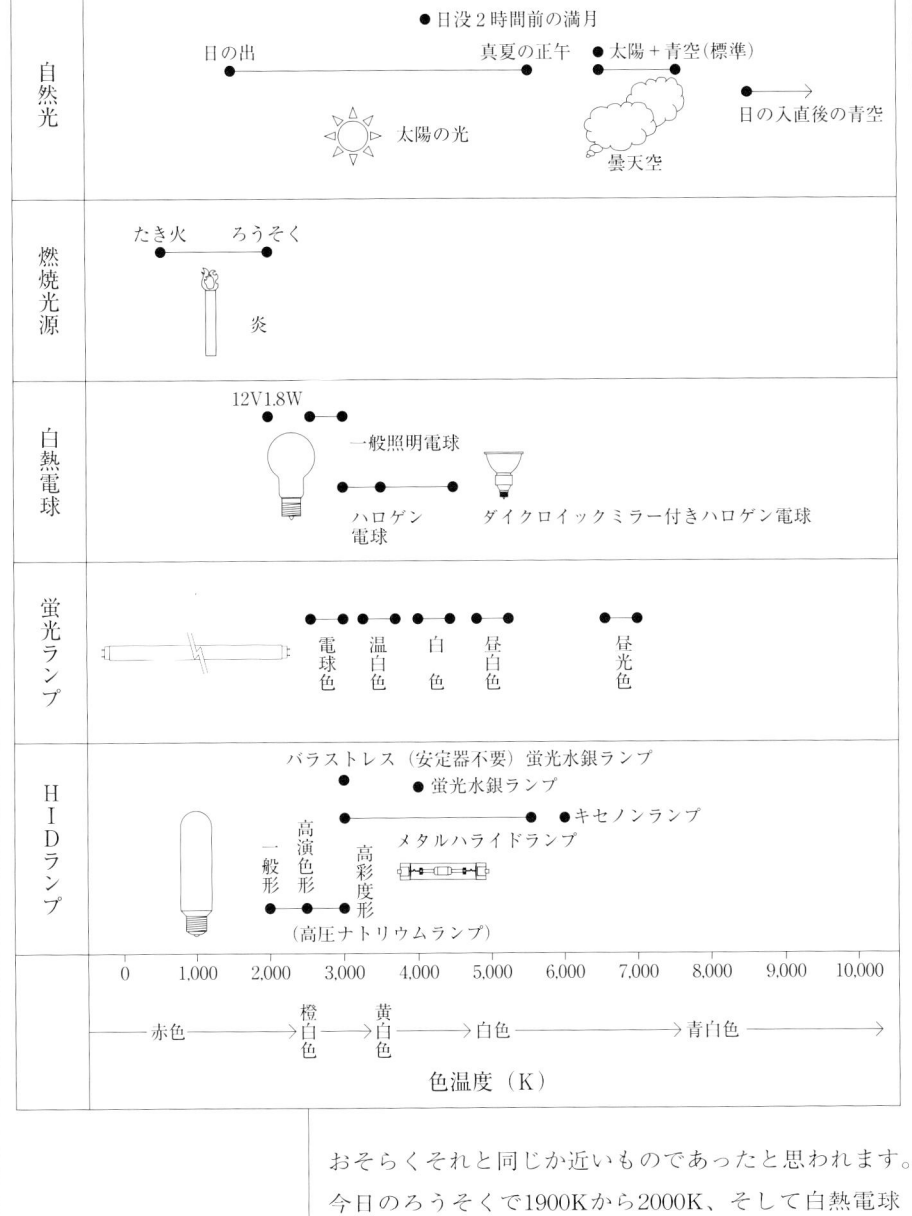

自然光	日の出 ● 真夏の正午 ●日没2時間前の満月 太陽＋青空（標準） 日の入直後の青空 太陽の光 曇天空
燃焼光源	たき火 ろうそく 炎
白熱電球	12V1.8W 一般照明電球 ハロゲン電球 ダイクロイックミラー付きハロゲン電球
蛍光ランプ	電球色 温白色 白色 昼白色 昼光色
HIDランプ	バラストレス（安定器不要）蛍光水銀ランプ ●蛍光水銀ランプ キセノンランプ 一般形 高演色形 高彩度形 メタルハライドランプ （高圧ナトリウムランプ）

0　1,000　2,000　3,000　4,000　5,000　6,000　7,000　8,000　9,000　10,000

←赤色→橙白色→黄白色→白色→青白色→

色温度（K）

おそらくそれと同じか近いものであったと思われます。今日のろうそくで1900Kから2000K、そして白熱電球は火の光のように熱による発光原理をもちますが、高いものでは3000Kを越えます。このように燃焼光源ひとつとっても、時代とともに色温度は徐々に高くなっ

ており、とくに燃焼光源以外の放電灯照明の時代になってから、急激に高い色温度の光源がつくられるようになりました。

光色のデザイン

照明設計では、どのような光色を選定したらよいかが、ときに重要なテーマになります。それは光色が人の視覚心理に大きな影響を与えるからです。一般に白熱電球のように色温度の低い光は、部屋全般が100lxくらいの明るさを必要とする住宅のような空間に適しており、心理的に落ち着いた快適感が得られます。一方、全般に1000lx前後の明るさを必要とするオフィスビルの事務室では、蛍光ランプなどの白色光で明るくする方が活動的な気分になり、生産性も高まります。

同じ飲食空間でも、落ち着いた雰囲気でゆったりと食事をしてもらいたい高級レストランは色温度の低い白熱灯やキャンドルを使い、暗めの照度が設定されます。ひところ、ファストフード店は利用客の回転率を高めるために、色温度の高い光源で明るめの照明に徹していました。これは色温度と照度の関係による、人間の行動心理を知っていたからだと思われます。最近では電球色の蛍光ランプの普及から、ファストフード店でも暖かな光で雰囲気を重視する店が増えています。

光色の視覚心理効果について私自身、まだよくわからなかったころのことです。量販店の婦人服売場の照明を任されました。商品をより高級な感じに見せたいというオーナー側の要望で、売場の全般を電球色の蛍光ランプ器具を使って照明しました。低い色温度の光源は、白色光に比べて、確かに高級な印象を空間につくることができ、初めは施主に喜んでもらいました。ところがオープンしてしばらくたってから、「お客さまが売場に近づかず、売り上げが思うように伸びない。照明の影響と思うが……」という施主側からの指摘が

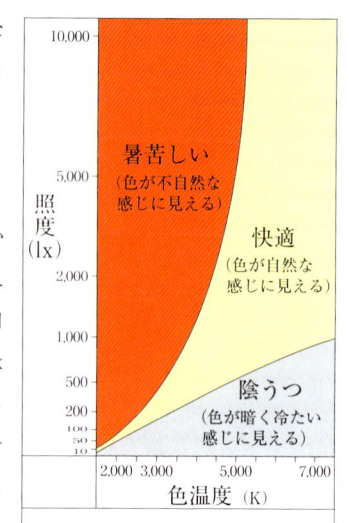

色温度と照度の関係 照明による雰囲気の良し悪しを数量化した図 (A. A. Kruithof 1941)。縦軸は全般平均照度で、横軸の色温度を示すために使用した光源は白熱ランプ、蛍光ランプ、自然昼光といわれている。この図は雰囲気を客観的に評価するデータとして、しばしば活用されているが、実験条件の詳細が不明な点もあり、また現代日本人の視感覚とは少しずれているのではないかという疑問もある。私も幾人かの人たちとこのデータに基づいて全般照明用ダウンライトの光で体験してみたことがある。光源はいずれも色の見え方の良いもので、調光付き白熱電球（2800K以下）と蛍光ランプ（5000K）、太陽光線に最も光の質が似ているキセノンランプ（6500K）を使った。その結果、全体的にはある程度納得できたが、100lx以下のところで「はたしてそうかな」と思われる節もあった。また、部屋の広さや内装色、照明手法、被験者の順応照度によってもデータは左右されそうである。このデータはあくまでも参考程度にとどめておきたい。

ありました。考えてみれば、量販店のお客は高級商品を買おうと思って来店するわけではないのですから、高級な雰囲気の売場は逆に人を遠ざける結果になったのでした。結局、白色蛍光ランプに変えたところ、売り上げは徐々に回復したようです。

量販店やディスカウントショップよりも、さらに高い色温度を必要とする空間があります。仕事の関係でモーターショーの照明を調査したときのことです。ここでは6000K前後の色温度光源で、車両部に10,000lxを越える照度を出していました。まるで直射日光に照らされているような感じで、快活な気持ちよさを感じました。このような光に目が慣れてしまうと、それより低い色温度の光で照明されている車は、シャープさのない古ぼけた感じに見えてしまうのです。

白い光が好きな日本人

ところで日本の住宅照明は、先進国の中では異常に色温度が高いといわれています。おそらく70％近くが蛍光灯で、そのなかでも白色光（4200K）もしくは昼白色光（5000K）が多いようです。オフィスがだいたいそのくらいの光色ですので、言い方を変えれば、日本の住宅は少し暗めのオフィスという感じです。

私は海外に行くと、住宅の窓明かりを見るために、できるだけ街を歩きます。家の窓明かりを見ることで、その国の生活や文化水準がわかるような気がするからです。たとえば北ヨーロッパの住宅では白熱灯照明が90％以上といわれ、それは窓明かりを見て納得します。ストックホルムにいたっては、オフィスの窓明かりでさえ電球色が目立ちます。なぜか電球色で統一された夜景を見ているだけで、彼らの照明に対するこだわりや生活の豊かさが伝わってきます。

東京でも新しい集合住宅の窓明かりに、電球色が増えているのがわかります。しかし規則性なく白色光と

集合住宅の窓明かり　ヨーロッパの住宅は昼間、窓辺に花を飾り、道行く人々の目を楽しませる。そして夜は白熱灯で美しく照明されたインテリアの雰囲気を、窓明かりとして外にも見せている。日本も都市を中心に暖かい光の窓明かりが増えつつあるが、まだ多くが白色もしくは昼白色の蛍光灯照明で、美しさがあまり感じられない。気候風土や生活習慣の違いなどが大きく異なるからだと思われるが、日本の住宅照明が欧米並みに暖かな光に満ちてくることは今のところあまり期待できない。1970年代のスイス・ジュネーブで。

入り交じっている景観は、あまり美しく感じられません。このように思うのは私だけでしょうか。

　日本人が白色、もしくは昼白色の蛍光灯を好んで使う理由は何でしょう。それは日本が比較的緯度の低い位置にあり、高温多湿という気候風土に少なからず影響されているからだと思います。

　ヨーロッパの都市と緯度を比べると、札幌で南フランスのカンヌやニースあたりですから、北欧どころかロンドンやパリよりもはるかに南に位置し、東京はヨーロッパとアフリカを隔てるジブラルタル海峡とほぼ同じで、北アフリカのアルジェよりもやや南となります。季節によりますが、平均して日本の太陽光度は高く、色温度の高い光といえます。これは明らかに、北欧で体験する光と異なります。

　また、高温多湿とは大気中に水蒸気を多く含んでいることを意味します。そのため、遠くの景色は全体に白いレースを透してみる感じになります。このように日本人はいつも白い光のなかで生活をしているため、慣れ親しみのある白い光を最も安心感のある光ととらえているのかもしれません。この他に、白い光は涼しさを感じたり、明るく見えるなどといった心理的効果があるので、暖かい光より評価が高くなっているとも考えられます。

　このようにいくつかの要因が重なり合っているため、日本人の白色光好きは根強く、よほどのことがないかぎり、すぐに欧米のような電球色照明に変わることはないと思います。

　しかし光色の嗜好は、個人差が相当あります。同じ日本人でも、蛍光灯の白色光をいっさい受けつけない人もいます。こんな話を聞いたことがあります。仕事の関係でヨーロッパに長期赴任するようになったビジネスマンが、日本では白色の蛍光灯照明で生活していたのにもかかわらず、ヨーロッパに住み始めて白熱灯

の照明生活に変わり、日本に帰ってきてからもその白熱灯にこだわって生活している、とのことです。

　私たち人類の生態は、自然光の変化とともに進化してきました。昔から日中の太陽光線が白い光で輝いているとき、多くの人が生産のために活動していました。白く、明るい光のもとでは呼吸数や脈拍、心拍数が高まり、活動できるように体の機能が調整されます。逆に焚き火のような光は、その光を囲んで団欒(だんらん)する生活がもっとも似合うような暖かい光で、さほど明るくなければ呼吸数などは低下し、リラックスします。このような光色と生体の関係を考えると、昼も夜も白い光を浴び続けて、もし身体上なんら不都合が生じず、今後何世代にわたっても異常が起こらないならば、私たち日本人の適応力のすごさを感じずにいられません。

色温度のデザイン

　照明設計では、色温度の異なるランプの併用がたびたび起こります。極端に異なる色温度光源の併用はドラマチックな印象を空間に与えますが、もし混光がうまくいっていないと、長時間そこに人が在室しているときには目の疲労を引き起こしかねません。どのくらいの差まで許容できるかは、1,000,000/Kの計算式で求められます。これはMK^{-1}という単位になりますが、2種類のMK^{-1}差が100以内ならば、あまり違和感がないといわれています。

　たとえば、5000Kの昼白色蛍光ランプのMK^{-1}は、1,000,000/5000＝200で、2850Kの白熱電球のMK^{-1}は350ですから約150の差になります。このような色温度差のある空間では、目はどちらの光色に順応してよいか迷い、短時間の生活空間ではあまり問題ないものの、長時間の生活では眼精疲労につながっていきます。

　色温度は光源特有の性質ですが、照明器具によってはそれが若干変わります。たとえば、反射鏡で薄い金

色（シャンパンゴールド）を使用した器具がありますが、それによって100～200K、光源の色温度が低下します。また白熱電球は調光器で明るさを下げ、ろうそくのような暗さになったとき、色温度もろうそくと同じ2000Kくらいに低下します。色温度による照明演出は空間に興味深い印象を与えるので、積極的な色温度計画が必要です。

　電球色は火の光やモノクロ写真が古くなったときのセピアカラーをイメージさせ、その光は古き良き時代へのノスタルジーを感じさせます。そのためクラシカルなインテリアや天然木を多用した空間には、2000～3000Kの電球色がよく似合います。実際、白熱電球で照明された部屋での白い壁も、見方によっては古びて汚れたような感じになります。一方で5000Kくらいの白色光は、とくに白をより白く見せるため、内装が白っぽい部屋ほど明るく新しくなった感じとなり、モダンなイメージをつくります。

　上記と同じようなことが、都市景観照明にもいえます。最近の景観照明は新しい照明技術を駆使しながら、世界的な広がりをみせていますが、なかでも、都市を代表する建造物が鮮やかに闇から浮かび上がる様子は感動的です。私はライトアップされた光景を見ることが好きで、国内外でかなりの光を見ていると思いますが、気がつくと、歴史的な建造物は色温度の低い暖かな光色で照明されていることが多く、新しい建築は白色光による照明が目立ちます。

色彩が豊かに見える照明

　パリのシャンゼリゼ通りの街路照明は市民の意見が入れられ、とくに女性の顔色が健康的で美しく見えるようにと、明るさや光源の選定がおこなわれているようです。確かにパリは街を歩いても地下鉄に乗っていても、人々の顔色がよく見えます。またインテリアシ

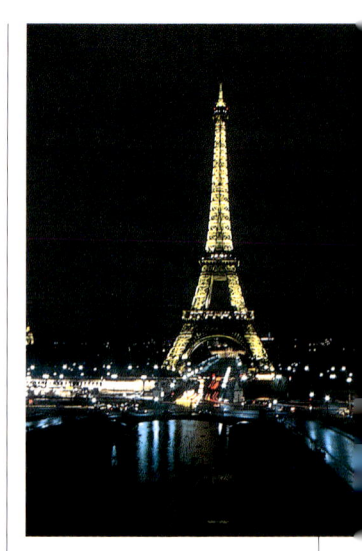

黄金色に輝くエッフェル塔　もしエッフェル塔が夜、白い光で輝いていたらどうだろう。おそらく不自然な景観にパリ市民や観光客はとまどうに違いない。歴史的建造物や有機的な素材を用いた建築には、セピア色やオレンジ色のような暖かな光をもつ低色温度の照明がふさわしい。キャンドルやオイルランプのような暖かな光による照明は、なぜか古き良き時代を連想させる。このような考え方はインテリア照明にも応用される。フランス・パリ。

ョップに入っても、家具やファブリックの色が鮮やかに目に飛び込んできます。

ところで、なぜ色が見えるのでしょうか……。色の見える仕組みは、基本的に光が関係します。それでは、なぜ色がきれいに見えるのでしょうか……。この答えは、光源のスペクトルと光量に起因します。たとえば植物の葉が太陽の陽射しのもとで鮮やかな緑色に見えるのは、太陽光線のスペクトルのうち、葉が緑色の波長をおもに反射したり透過して、他の色を吸収する性質があるためで、反射と透過の波長が人の目に入って脳に伝達されたとき、葉の色を明るい緑色と知覚するのです。

このように、光源によって照らされたものの色の見え方をあらわす光源の性質を、演色性といいます。演色性の評価には、一般に**平均演色評価数**（Ra：アールエー）が用いられます。Raは、彩度が中間的な、赤から青の中間色8色を基準色と決め、その色の見え方を100を最高値として評価します。

演色評価数の計測や算出には、基準光源を必要とします。それはいろいろな色温度をもつ自然光のスペクトルに似せた、仮想光源になります。調べたい人工光源の演色性は、同じ色温度を持つ基準光源と比較して色の見え方がまったく同じであれば評価値が100で、ずれが大きいほど低くなります。そのため色温度の異なる光源どうしで色の見え方の善し悪しを評価することは、あまり意味がありません。

このほか**特殊演色評価数**R_9〜R_{15}を用いることもあります。R_9〜R_{15}は、ある特定の色に関する見え方を評価したもので、たとえばR_9は鮮やかな赤色、R_{14}は植物の葉の緑に近い色、そしてR_{15}は日本女性の平均的な顔色です。いずれも最高値を100として評価します。

学校のテストで60点以上を合格とすることが多いよ

未来に向かって羽ばたく白い光
現代的な建造物や無機的な素材を多用した構造物は、色温度の高い白色や青白色の光色による照明が似合う。インテリア照明においてもモダンな空間は、アクセントとして一部だけの使用でもよいから、ハロゲン電球のような少し色温度の高い光源による照明がすすめられる。オランダ・ロッテルダムのエラスムス橋。

うに、光源の演色評価数も一般に60以上が求められます。国際照明委員会の国際基準では、Raに関して美術館のように色の見え方を重視する空間では90以上、住宅や店舗は85以上が推薦されています。

　物の色の見え方は光源の演色性だけではなく、照度や、照明される対象の材質にも影響されます。明治時代、ガス灯による街の夜景を描いた絵がありますが、そこにはほとんど色彩が描かれていません。ガス灯の光自体は演色性が悪いわけではないので、問題は暗さのせいです。推測ですが、器具の直下で数lx、少し離れれば1 lxにも満たないため、色が見えないのです。また、目の視覚能力（とくに高齢者の多くは色を見る能力が低下しています）にも、色の見え方は影響されます。

照度と色の見え方

　先述のように、私も実際に照度と色の見え方を確認したことがあります。目が暗さに慣れれば1 lxくらいでも色の存在は何となくわかり、10lxあるとかなりの色が見えてきて、500lxもあると色は鮮やかに見えてきます。ただし、反射率の低いグレーがかった微かな色の違いにおいては、2000lx以上ないとよく見えませんでした。もちろんこのような照度は、厳密にいうと、演色性の異なる光源によって変わってきますが、基本的には演色性の高い光源ほど、少ない照度でも色彩がよく見えます。

　一方で、明るくて色が鮮やかに見えることが、照明の演出効果上すべてによいわけではありません。たとえば無垢の木造の家具は、北欧の人たちに言わせると、夕暮れの薄暗い空間で見ると趣があってよいそうです。日本の古い家屋でも、白い光でオフィスのように明るくしたら、内装色の見え方はだいなしです。

　都市景観計画で道路や住宅街の歩道、緑地、公園などの照明設計をおこなっていたころ、照明光源による

舗石の色や植栽の見え方が話題になりました。一般に住宅街の歩道では歩行に安全な照度があればよく、舗石や樹木の色の見え方はさほど重要な問題ではなかったようで、わざわざ費用と時間をかけて確認実験をおこなうことはなかったのです。そこで何種類かの光源を取り寄せて、屋外の暗い照明下で色の見え方を確認してみました。いざ実験してみると、平均5 lxくらいの明るさでも、目が暗さになれると、植栽の緑や人の顔色が光源によって意外なほどよく見えることがわかりました。

日本の場合、公共的な空間はもう少し日本人の肌の色であるR_{15}を考慮した照明にしてもよいと思います。たとえば電車内の照明や病院の待合室の照明は、もっと顔色がよく見える光源であった方がよいでしょう。人の顔色がよく見える部屋は空間が明るく見えるといいますが、確かにそのような効果を実感しています。

つやのある光沢をともなった物の色は、指向性のある光源で照射方向を考えた照明をおこなうと、光沢感がより表現され、豊かな色彩効果が生まれます。「つや＝艶」という字は、色が豊かと書きます。しかし、光沢面は反射光が直接目に入りやすく、悪い照明はそれによってかえって色が見づらくなります。たとえば、本磨きの花崗岩の壁面は、白熱灯の指向性のある光源で深い角度から照明して反射光が目に入らないようにすると、光沢面の内側にある色彩が表出し、深みある上品な色が見えてきます。

日本の住宅照明は蛍光ランプの中でも3波長型蛍光ランプ（Ra88）が普及しているので、平均演色評価数でいえば国際基準に達していると思われます。しかし平均照度が100lx前後あっても、家具やファブリックの色艶を鮮やかに見せるために必要な局部照度が欠けていると、空間に精彩を欠くことになります。

照明設計をおこなっている多くの人は、内装色や仕

照明対象 \ 光源		蛍光ランプ			電球（750lx）
		一般白色（500lx）	三波長昼白色（450lx）	三波長電球色（400lx）	
カーテン地	アイボリー（濃）	彩度が低下	彩度がやや低下	やや黄みがかる	三波長電球色に比べ彩度が低下、黄色がかる
	青緑（薄）	彩度が低下やや黄みがかる	彩度が低下黄みがかる	彩度が低下グレーがかる	やや緑色がかる
板（ペイント）	赤	彩度が低下	彩度がやや低下	彩度が高まる	彩度が高まるがやや朱色
	青（薄）	グレーがかる	ややグレーがかる	グレーシュブルー	グレーシュブルー
	白	ややグレーがかる	やや青みがかる	やや黄みがかる	黄みがかる
木	木肌	さめた色で高級感に欠ける	さめた色	ぬくもりがある	高級感のあるぬくもり
じゅうたん	グレー	やや黄みがかる	明度が高まる	一般白色より黄みがかる	三波長電球色より黄みがかる

上げ、家具情報などのない状態で考えていたり、それがわかっていても光でどう生かしてよいかわからないため、照明による色彩効果がほとんど期待できない現状があります。ただ最近になってやっと、インテリアコーディネーターのなかに照明と色彩の関係をしっかり勉強している人が増えてきており、それを実践に生かそうとしている人たちがいることも事実です。

　代表的な光源の演色性を実体験することは、インテリアコーディネーターにも求められます。これは照明メーカーの実験室やプレゼンテーションルームなどへ行けば見ることができます。しかしそこで体験できるサンプル色はプラスチックの色や印刷色になることが多く、現実的ではありません。そこで、せっかく体験するのであれば、設計で使用する素材の色サンプルを持参することをすすめます。それと評価数とを見比べながら、見た目の演色効果を必ず確認することが大切です。

視覚的演色評価　演色効果は数量的評価と目測が大切。インテリアの色彩に詳しい専門家4名に実際の内装材を基に、いくつかの光源の照明で色の見え方を説明してもらった。ここで使用したランプは一般白色の蛍光ランプでRa61〜64、3波長形Ra88、そして白熱電球はRa100である。照明設計で演色性を考慮するのであればRa値を参考にして、それが100、もしくはそれに近い光源を選べばよいが、見せたい材質や色によってはRa値だけではうまくいかないこともある。たとえば内装が木を主体にしている部屋で3波長形の昼白色蛍光ランプの照明を考えると、いくらRaがよくても高い色温度光源のため色が冷めたような見え方をして好ましくない。『高齢者のための照明・色彩設計』（インテリア産業協会）より。

色の見え方は演色評価数、照度や光源の色温度だけではなく、照らされる対象の材質、仕上げに影響を受けます。したがって単純にデータだけで色彩効果を評価するのは早計かと思います。またRa値が4～5違っても、それによって色の見え方がどう違ったかは、あまりわからないと思います。演色データはあくまでも目安ですので、あとは経験の積み重ねで、体で覚えていくしかないと思います。

太陽光のデザイン

電灯の発明以前、建築家は窓をデザインすることで、照明の設計者でもありました。窓をデザインして配置を考えることで、天候や時間によって気まぐれに変化する自然光を、効果的かつ効率的に室内に採り入れてきたわけです。

洋の東西を問わず、自然採光に強く関心をもってデザインされたものは、宗教建築といえるでしょう。ロマネスク時代以降のキリスト教の聖堂や礼拝堂の窓は、それ自体が光源でした。窓から入射する自然光は床面や壁面を照らし、反射を繰り返しながら、ほどほどに弱められていきます。このような質の高い光がキャンドル光と共鳴することで、独自の雰囲気を創造したにちがいありません。

日本でも窓が重要な役割を果たしてきていることが、今日の仏教建築や茶室などの建築からうかがい知ることができます。窓からさしこむ西日を受けて輝く仏像、点前(てまえ)が暗くならないような位置や大きさが十分に考え抜かれた茶室の窓など、いくつかの事例を調べると、それは日本を代表するごく一部の建築物かもしれませんが、驚くほど高度な光の制御技術があることがわかります。

ところで今日の自然採光への関心は、どのようになっているのでしょうか。環境問題という社会的圧力か

ら、できるだけ既存の電力に頼らない傾向は確かにあります。ソーラーや風力発電などは今後が期待されるエネルギーにはちがいありませんが、これらは火力や原子力に代わるエネルギーとしてまだ発電量やコストの問題が大きく、十分な普及に至っていません。

　本来、電灯照明というものは、日没後に必要となる光です。しかし、窓からの採光が不十分で日中でも薄暗い部屋を持つ家やオフィスなどの建築は、都市部を中心に多くあります。その場合、生活している場所では昼間でも、自ずと電灯照明に頼らざるを得ません。住宅は昼間に家族そろって生活することが少ないので、どうしても自然光に無関心な生活になってしまいます。そのように普段、自然光に無関心な人も、近隣に大きな家やマンションの建つ予定を耳にすると、いきなり日照について神経質になります。

　自然光はおもに紫外線と一部の可視光線によって、家具やファブリックを変退色させる恐れがあります。それを防ぐために高級な家具は窓から離して配置したり、また窓のそばに置いてあってもカーテンやブラインドで遮光を十分にしますが、そのためにせっかくの自然光が生活にあまり役立たないことも考えられます。また、コンピュータを使った作業では、自然光により画面が見づらくなるのを避けるため、遮光されることも少なくありません。

自然光のチェック

　自然採光が有効におこなわれているかの診断は簡単です。部屋の中で最も長くいる場所の視点から窓を見たとき、窓を通して空がどれだけ多く見えるかを調べればよいのです。一戸建て住宅は比較的窓を多くとることがありますが、集合住宅において角部屋でない場合には昼間でも室内が薄暗く、照明がないと陰気な感じのするところがあります。まして低層階で窓の外に

建物や樹木の影があると、それだけで自然光の恵みが薄れてしまいます。

　もし自然光が十分に入る窓があれば、近くに机を置くことで太陽光はそこで仕事をする人にとって効果的な明かりになるでしょう。その場合、机などの作業台を置く位置は窓に対して平行か垂直が望ましいのです。さらに利き腕にも考慮して、手暗がりにならないようにし、とくに窓を背にして座るとき、背の影ですべての視対象が暗くならないよう注意しなければなりません。もちろん自然光の入射光量の調整は、ブラインドやカーテンでおこないます。

　日中であれば、南面の窓から１ｍ離れた机上面で、500～5000lxの照度を得ることが可能です。たとえば、天空照度が10,000lxの場合に、1000lxくらいの照度が確保できます。これらは部屋の条件や窓の大きさによって異なりますが、ブラインドの操作によって直射光を除いた明るさとして得られることが可能な照度といえます。

　また、高齢者や病気で寝込んでいる人にとっても、日光が十分に得られるようにベッドを窓際に置くことで、明るさだけではなく体に有効な紫外線の適量摂取が望まれます。ベットで本を読む程度の生活であれば、枕元近くに出窓があるだけでも効果があります。

　各部屋における窓の開口面積は、建築基準法で床面積の割合が定められています。同じ窓面積ならばひとつだけ大きな窓を設けるよりも、小さな窓が各面にいくつかある方が意匠的にも面白く、平均的な照度も得られやすくなります。さらにグレアも緩和されて、いいことずくめですが、このような窓を増やすためには大幅なコストアップが生じることも考えられます。イギリスでは電灯照明時代以前に窓の数が課税の対象になっていたようですが、ガラスが高価だったことと、光をたくさん採り入れる生活は贅沢なこととされてい

たのでしょうか。

上から横から、光の採り入れ

　窓を側窓にするか天窓がよいかは、建築構造上の問題や予算、採光目的などによって議論が分かれます。採光効率だけを考えるのであれば天窓がよく、それをクリアガラスにすれば、採光以外に、雲の流れや星の輝きなどが刻々と移り変わる天空の映像をつぶさに見る楽しみも生まれます。また曇りガラスであれば光を拡散し、床のカーペットや壁のクロス、家具などの色あせを弱める効果も期待できます。しかし住宅の窓明かりとして考えたとき、曇りガラスは外から見ると室内の様子を消してしまうため、景観上好ましくないともいえます。

　欧米ではクリアガラスが多く使われるのに対して、日本は曇りガラスが多いのは、明かり障子のイメージから抜け出せないからでしょうか。たまたま私の事務所でレクチャーをしてもらったアメリカの建築家が、窓明かりについて次のようなことを言っていました。
「日本は治安のよい国でありながら、街は夜になると急に暗くなる。それは店が閉店と同時に、ショーウィンドウや出入り口のシャッターをドロしてしまうからである。欧米ではウィンドウショッピングができるように、店の明かりが街路照明にも貢献している。同じことが住宅にも言える。ほとんどの日本人の家庭は夜、カーテンを締めきって、室内の明かりを外に見せようとしない。それは都市景観上美しくなく、生活習慣や明かりの文化的な相違があるにしろ、欧米人にとってよく理解できない」

　私もそう思います。私たちは昼間、自然光の恵みを享受しているのですから、夜は外に向かって素晴らしい電灯照明の光を放出してもよいと思うのですが……。

　話は戻りますが、住宅における傾斜天井の天窓は、

```
          ↑    窓
          │   ┌─┐
          │   │ │←────── 1500mm ──────→
        1800  │ │                            ↑
         mm   │ │              1000lx       750
          │   │ │              (800)         mm
          │   │ │                            ↓
          │   │ │     2000lx    1500lx
          │   │ │     (1500)    (1300)
          ↓   └─┘
              デスク面    （　）はブラインドで昼光をコントロール
              午後4時
                                          →N

              窓
             ┌─┐
             │ │
             │ │                    400lx
             │ │
             │ │         600lx   500lx
             │ │                        デスク面
             └─┘
              午後5時
```

照明の昼光利用 照度値は春分の日、快晴の東京で実測。3階建ての3階にある6畳の部屋で、内装は天井、壁が白い仕上げである。この日の東京の日没時間は17時53分で、その約1時間前と2時間前でどのくらいの昼光照度が期待できるかを調べてみた。このデータによると2時間前までこのデスクで細かな作業が可能で、また1時間前まで読書のできる明るさがとれている。昼光は天候や採光条件が良いとかなりの明るさが長く期待できるのでもっと積極的な活用が求められる。なお、この日の札幌での日没時間は17時47分、那覇では18時41分である。

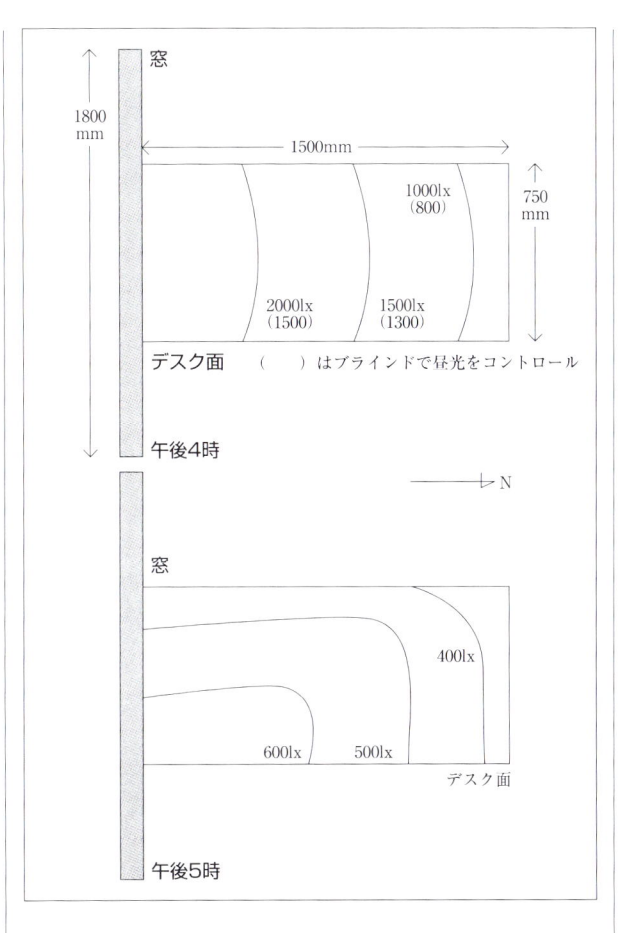

直射日光の影響を避けるために、北側に設ける方がよいのです。画家のアトリエなどは、すべてそう設計されています。寝室であれば早朝から眠りの妨げになる直射光の影響がなく、またキッチンではとくに夏季、強い陽射しの熱による生鮮食品への悪影響を少なくする効果も、期待できます。

側窓の場合、部屋の間取りによっては日中の照度均斉度が悪くなることが考えられます。片面しか窓がなく、しかも窓に向かい合っている壁が離れている空間は、とくにクリアガラスでは窓に近いほど照度が高く、遠ざかるほど暗くなります。さらに窓外に壁かフェン

スがあり、それが暗い仕上げであると、部屋奥はより陰気な雰囲気が増します。逆に明るい仕上げほど太陽の位置によって反射し、その光で部屋奥まで明るくなりますが、窓を見たときにまぶしさで不快感を人に与えることも考えられます。

昼光との調和を考えた照明計画

　オフィスでは、全般照明用の蛍光灯器具が何回路かに点滅調光できるように、配線設計されているところがあります。日中、窓から入射する自然光を昼光センサや照度センサでキャッチし、その光量と人工照明の明るさのバランスがとれるように、窓際の蛍光灯が調光されます。そのことでオフィス全般の照度均斉度を保ちながら、省エネルギーがはかれるのです。これからは住宅でも視作業をおこなう空間を中心に、昼光と人工照明の調和が必要になるかもしれません。

　地下室のように自然採光を直接窓から得ることが困難な場合、ミラーや光ファイバーを使用する方法があります。太陽光線の位置をコンピュータに読みとらせ、常に安定した光をミラーや光ファイバーを通して、暗がりに送るシステムで、最近、注目されています。

　私たちが住宅の照明計画をおこなう場合、できるだけ昼光との調和まで考慮して設計するように心がけています。しかし、クライアントや施主は、そこまで私たちに期待していないのが現状だと思います。

　しかしこれからは余暇も増え、昼間でも家で過ごす時間が長くなれば、自然光への関心が高まり、人工照明と自然光の共存は設計上、避けて通れない事象になると思われます。

第Ⅱ部
あかりの基礎

第3章
燃焼光源から電灯照明へ

初めは火のあかり

　私は歴史が好きで、あかりの歴史についても、照明の仕事に就き始めたころから興味がありました。あかりの歴史といえば、古灯器を抜きにして語ることはできません。日本にはその収集家が少なくなく、それらを一堂に集めた展示館が神戸や長野、松代、清水など全国にいくつかあります。そのすべてを見学したわけではないのですが、館によっては火の発生から電灯照明まで、照明の変遷がわかりやすく紹介されています。なかには火打ち金などを使って火をおこす体験ができたり、行灯や燭台と今日の白熱電球の明るさがいかに違うかを比較して見られるコーナーなどがあって、子供にも関心がもてるようになっています。

もうかなり前になりますが、寺の住職がコレクションしているいくつかの古灯器を見せてもらったことがあります。お寺の本堂でそれを点灯したので、とても雰囲気があり、薄闇の中で生き生きと燃えあがる和ろうそくの光に接したとき、まるで江戸時代以前にタイムスリップしたような、不思議な気分になったことを覚えています。

　考古学者や人類学者の説によれば、人類は数十万年とも数百万年ともいわれる前から火を使って生活してきました。初めて火を生活に利用しようとした勇気ある古代人は、火山や落雷などで自然発火した火に着目したようです。それらの採取に成功した人は、はじめは火を焚き火としておもに暖をとったり、野獣から身を守ったり、食べ物の煮炊きのために利用したのでしょう。まもなく古代人は暗く不安な洞窟の中で、火があかりとして果たす、その役割の大きさに気づいたのです。

　今から1万5千年以上も前、人類が火の光をあかりとして単独に活用してきた痕跡が、今日でも残されています。それはフランスのラスコーやスペインのアルタミラなどの洞窟壁画です。その壁画は自然光がまったく届かない洞窟の奥のほうにあり、なんらかの人工的な光がなければ絵を描くことは不可能な場所と言われています。そしてそこからは、石をくりぬいた簡単な照明器具が見つかっています。

　次の発展段階として、火のあかりは焚き火から動植物油やろうそくに移行していきます。灯芯を使うことで、それまでの単純に木を燃やして得られるあかりが、かなり燃焼効率の改善された、照明専用の光になってきました。

　イタリアで、ろうそくを使用している様子が刻まれた、紀元前3世紀ごろの石板が発見されています。初期のろうそく器具は燭台という置き型器具に代表され

ていますが、石造りの建築では壁や天井にも取り付けられていました。やがてそれらの器具は、建築や家具のデザイン様式の影響を受けながら、多彩なデザインに変化していくのです。

ろうそくや油のあかり

10世紀以降に登場したろうそくの多灯用吊り下げ器具は、教会や寺院の祭事に不可欠な光でした。中空に漂う幾多の光は装飾的な天井や壁面を照らし、聖堂の暗闇に共鳴することで荘厳な印象を人々に与えたに違いありません。さらに、上昇する炎の光は地上と天上界をつなぐ精神的媒体と位置づけられ、中世の人々も古代人同様、このような光を信仰の対象にしたと思われます。

日本でもヨーロッパでも、当時のろうそくや油はたいへん高価なため、それらはおもに特権階級や貴族、富裕商人たちのものでした。なかでも圧巻は、宮殿における宴会や舞踏会などのイベント照明でしょう。たとえば17世紀フランスの王室は、ヴェルサイユ宮殿で合計24,000本のキャンドルを使ったという記録があります。鏡や黄金に反射する光まで計算に入れた輝きの演出は、絢爛豪華で歴史に残る光のパフォーマンスだったことでしょう。

しかしそのような華麗な光も、現代の照明に比べると欠点が多かったようです。いくら数多くのろうそく光があっても、広い部屋では数ルクスの明るさにも満たないため、暗い空間の中で、ただろうそくの輝きだけがまばゆさを主張しているような光景が目に浮かびます。さらに今日のろうそくと違い、点灯すると煤が出て、とくに動物油を使用していると油の匂いもすごかったようです。そのため床に季節の花を敷き詰め、それを踏むことで生じる香りで油のにおいを消したという宮殿での舞踏会の話も伝えられています。

シャンデリア　ヴェルサイユ宮殿・鏡の間。現在はシャンデリア電球を使用し、日中でも点灯していたが、ランプやクリスタルガラスの輝きが鏡に映り込んで華やか。宮殿は17世紀末の建造で、電灯以前はキャンドルで照明されており、今日とはまったく異なる明るさと雰囲気であったにちがいない。

また、照明熱と人いきれで夏季は室内がかなり暑くなったことでしょうし、灯芯の黒化で火がよく消えるので、そのつどシャンデリアを手動でおろし、黒化した芯(しん)を切って新しい光を復活させるという、今では考えられないくらい世話のやける光源であったことは間違いないところです。

　宮殿や城でおこなわれる宴会では、財政への影響を考慮して、高価なランプを何時間も点灯し続けることはなかったようです。王候貴族ですらそうですから、一般の人々とあかりの関わりは、およそ想像できると思います。彼らは夜明けの目覚めから日の暮れるまでの生活の大半を自然光とともに過ごし、暮れてから就寝までのわずかな時間帯だけ、1本の貴重なあかりに頼るといった状況でした（お客を招くときは2から3本と複数の明かりが付けられたようです）。

ガス灯の発明

　18〜19世紀にかけて、光源は大革新しました。それまで問題であった明るさと光の持続性が大幅に改善されたのです。レオナルド・ダ・ヴィンチ（1452—1519）は火の燃焼効率をよくするには十分な空気の供給が必要で、それには煙突のような筒の働きがよいことに気づいていました。このような考え方を応用して1783年、アルガンによってガラスシリンダーをもつ灯油ランプ器具が発明されました。このことで、それまで以上に煤の少ない明るい照明が可能になったのです。そしてオイルタンクなどが装備されると、光の持続性も改善されるようになりました。　19世紀の初め、ヨーロッパでは石炭からガスをつくり、そのガスをパイプに送って照明用燃料にした、いわゆるガス灯が発明されました。天然ガスを明かりに使用したことは、古代エジプトやペルシャ、中国などに記録があるそうですが、ガスの集中供給による照明は、もちろん過去にはあり

ません。

　日本でのガス灯は1872年（明治5）に横浜で、道路灯として使われたのが最初です。その後、ガス灯は炎の調整や白熱マントルの採用で、光源としての明るさが評価され、1901年の東京銀座の商店街では約半数の店がガス灯を使用していたようです。しかしこのガス灯の普及の勢いに水をさしたのが、世界中で起こったガスタンクの爆発事故です。さらに時を同じくして、ガス灯に比べてより安全で安定した光を持つ電球の発展が、ガスを含めた火の光の終焉を加速することになるのです。

人間生活を大きく変えた白熱電球

　1879年、エジソンによって真空電球が発明されました。この発明で人類は、いままで体験できなかった明るい夜を獲得するのです。電気によって光を出せることは、エジソンが発明する前から専門家の間では知られていましたし、実際につくられてもいました。しかしエジソンの発明した電球は、多くの特許をもつ実用的なもののため、電球の発明者として後世に名を残すことになったのです。エジソン電球の復刻版を見たかぎり、初期のものの明るさは、今日の電球と比較すればかなり暗く、火の光とそう大差がなかったようです。

　その後、白熱電球は改善が重ねられ、日本人の研究者による新たな発明もあって、今日の性能に至ったわけです。その結果、電球はそれまでの火の光より明るく、火事の心配もなく、点灯の持続時間が長いことから急速に普及しました。とはいえ、20世紀半ばのつい最近まで、地球上の人類の半数以上はまだ火の光で生活していました。発電所の建設と配管、配線というやっかいな工事が必要なために、白熱電球のよさはわかっていても、一気に世界中で普及するとはいかなかったようです。

電球の欠点のひとつに、熱の問題があります。その発光原理はフィラメントの発熱による温熱放射で、それまでの火の光と原理は変わりません。つまり電球は、電力エネルギーの大半が熱エネルギーになり、光への変換効率が低いのです。

蛍光ランプの登場

1930年代、ヨーロッパとアメリカのランプメーカーが、不思議なことにほぼ同時期に蛍光ランプを発明しました。白熱電球の温熱放射とはまったく異なるこのランプは、ルミネセンスという発光原理をもっています。ルミネセンスのランプは蛍光ランプ以前に、ネオン管という名称で広告やアートの光としてすでに使われていました。このころはアールデコやバウハウスに見られる直線的デザインが注目されており、現にあまり明るくなかったもののチューブ状の白熱電球が、バウハウスのオフィス照明に使われていました。一般照明用としての明るい直線的光源は、時代の要請でもあったのでしょう。

あたかも月光のように白く冷たい光に代表される蛍光ランプは、ヨーロッパでもオフィス、劇場、店舗、工場などに急速に普及しました。住宅ではシーリングライト（天井直付け器具）やカーテン照明（カーテンボックスの中に蛍光ランプを入れて、カーテンを明るくする照明方法）などに使われていたようです。しかし、どうも欧米人は蛍光灯の白い光が好きになれなかったようで、それほど時間が経たずにいつの間にか、オフィスや工場専用のあかりになってしまいました。

日本では1940年（昭和15）、奈良の法隆寺の壁画模写に蛍光灯が初めて使われました。この模写に参加した人から話を聞いたことがあります。当時の蛍光ランプは自然光に近いきれいな色の見え方だったそうで、しかも明るい照明はまるで日中の光のようだったという

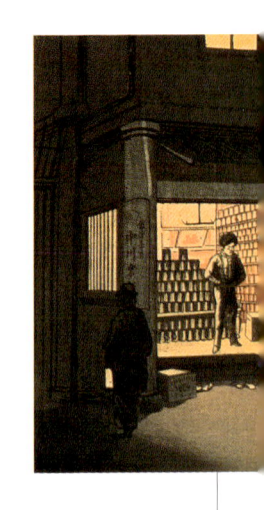

蛍光灯を使用していたイギリスの一般住宅 蛍光灯が普及し始めた20世紀中頃、欧米でもはじめは蛍光灯が住宅で受け容れられていた。しかしまもなく、あのどんよりした冬の曇天空をイメージする光が生理的にあわなかったのか、急速にその関心は低下していく。イギリス・ロンドンのヴィクトリア・アンド・アルバート王室博物館。

照明［あかり］の設計

ことでした。初期の蛍光ランプはおもに軍事用として利用され、一般家庭への本格的普及は1950年代の半ば以降でした。前述のように欧米人が白く輝く光を好きになれなかったのに対し、日本人はこの明るく爽やかな光を好んで使い、いつのまにか日本は世界一の蛍光灯大国になってしまいました。

新しい光源

1970年、大阪で開かれた万国博覧会で、大量のメタルハライドランプ（HIDランプの一種）が採用されました。私はちょうどこのころから照明の仕事を始めたので、よく覚えています。会社がこのプロジェクトの一部に参加していたので、もちろん見学にも行きました。メタルハライドランプはパビリオンの内外に使われ、とくに夜の景観は、これまであまり見たことのない光の迫力に圧倒された記憶があります。大阪万国博覧会はまさにHID（高輝度放電）ランプがデビューするのにふさわしい舞台だったといえます。

電灯照明が本格的に普及し始めてから100年、私たちの生活は大きく変わりました。光源の性能が高まるにつれて空間は明るくなり、その結果、昼と夜の境がなくなりました。夜でも働けることから生産性が急増し、人々の生活は物質的には間違いなく豊かになったといえます。しかし一方で、人々の生活は都市を中心に夜型にずれ、生体リズムも確実にくるい始めて、心身の病にかかる人も増えています。

つい100年ちょっと前まで夜の暗闇におびえていた人々にとって、夜を昼間のように明るく過ごすことは夢のまた夢でした。神が与えてくれた夜という休息に必要な時間帯を、私たちはまるで昼間のようにしてしまいました。いままで神にしか支配できなかった光の領域に、一歩足を踏み入れた形になるのですから、夜の光を扱う場合はより慎重にするべきです。それを怠

ガス灯で照明する商店　ガス灯で照明する店が増えてから、見学をかねて買い物をする人で銀座の商店街は賑わったそうである。ガス灯はやがて白熱マントルの発明で5倍は明るくなったというが、室内で使用する場合、空気を汚染し、微量な硫黄の排出によってインテリアを痛めるなどの問題が山積し、時同じくして現れた電灯にその地位を奪われることになる。ガス灯の歴史は短かったが、日本では文明開化の象徴として意味ある照明器具であった。井上安治『銀座商店夜景』明治15年。提供／GAS MUSEUM　がす資料館。

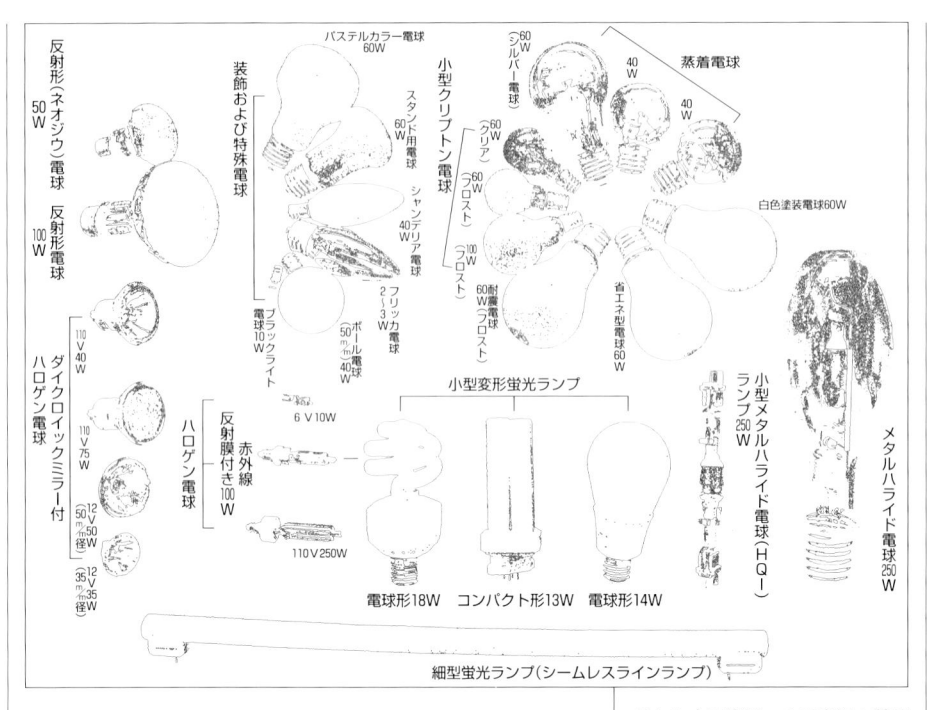

［図中のラベル］
反射形（ネオジウム）電球 50W／反射形電球 100W
パステルカラー電球 60W
装飾および特殊電球
スタンド用電球 60W
シャンデリア電球 40W
小型クリプトン電球 60W（クリア）／60W（フロスト）／100W（フロスト）
（シルバー電球）60W
40W／40W
蒸着電球
白色塗装電球60W
省エネ型電球60W
耐震電球60W（フロスト）
ボール電球 50㎜φ/40W
フリッカ電球 2〜3W
ブラックライト電球10W
110V 40W／110V 75W
ダイクロイックミラー付ハロゲン電球
12V 50W（50㎜φ径）／12V 35W（35㎜φ径）
ハロゲン電球
赤外線反射膜付き 100W
6V 10W
110V 250W
小型変形蛍光ランプ
電球形18W　コンパクト形13W　電球形14W
小型メタルハライドランプ 250W
小型メタルハライド電球（HQI）250W
メタルハライド電球 250W
細型蛍光ランプ（シームレスラインランプ）

ると、長い目で見て、私たちの生体に好ましくない反動が起こることを、覚悟しなければならないでしょう。

使いこなしたい人工光源

　照明を考えるとき、どのようなランプ（光源）を選ぶかはとても重要なことです。多種多様のランプが大手ランプメーカーから発表されていますが、数社のカタログを調べたところ、ランプのワット数やバルブ形状、色などの違いを含めると、なんと1社でその数およそ2000〜4000点が載っていました。

　一般照明用の光源は各社ともほぼ似たような特性を持っていますので、1社のカタログをみるだけでもランプの概要を知ることができます。ただメーカーによっては他社との違いをアピールする関係から、一部のランプでワットバリエーションや光色、演色性などに特徴を持たせているものもあるので、設計をおこなう

おもな人工光源　人工光源の種類はバルブの形状や色、ワット数などを含めると、2万種を超えるといわれる。ここで紹介してあるランプはそのうちのごく一部である。電球は年々小型化しており、蛍光ランプは細型、小型化の傾向にあり、小型変形型にいたっては形や大きさだけではなく光の質も一般照明用電球に近づこうとしている。また、白熱電球はダイクロイックミラー付きハロゲン電球を主体に投光用ランプの種類が増えている。

上でそのことを知っておく必要があります。
 　その意味で私たち照明設計者は、必要に応じてランプをメーカーごとにある程度使いこなせなければなりません。しかもランプの特性は数年で変わることもあり、特殊ランプを含めて常に新しい情報を収集するアンテナを張っておくことが大切です。いつのまにか性能のよい新商品が市販されていることもあり、逆にクライアント側からこんなランプが新しく出ていると指摘されて、恥ずかしい思いをしないためにも……。
 　ランプの種類は前述のようにワット数やバルブの形状、色などを含めると、だれが数えたのかわかりませんが、2万種を超えるといわれています。私はおそらく、そのうちの1000～2000種類くらいを使っていると思います。一般の生活者が住宅で何種類のランプを使用しているかを推測すると、せいぜい5～10種類くらいだと思われます。このことから考えると、インテリ

アコーディネーターは白熱電球と蛍光ランプを中心に少なくとも100種以上を使いこなせればと思います。

白熱電球……
経済や効率だけが照明ではない

　白熱電球は100年以上の歴史があるせいか、その種類が最も多い光源です。光はおもに太陽光と同じ連続性を有するスペクトルをもっています。太陽光線はすべての色をバランスよく包含していますが、それに比べて白熱電球は相対的に赤や橙色系のスペクトルが多く、より暖かい色合いの光になります。

　発光原理はたき火やオイルランプ、ろうそくの光と同じで、明るさを除くと光質も近似しています。その意味で白熱電球は昔の光の記憶が現代人の色彩感覚にも適合し、心地よいという暗示を人に与えることができます。したがって、落ち着いた雰囲気を求めたり、色彩豊かなインテリアや材質感を強調したい空間に適したランプといえます。

　白熱電球はおもにタングステンフィラメント電球とタングステンハロゲン電球の2つのカテゴリーに分けられます。いずれも小型で軽量、そして高輝度が特徴になります。

　タングステンフィラメント電球は、一般照明用をはじめとして、投光照明や装飾照明用として種類が豊富です。私が照明の仕事を始めた1970年代には、装飾用電球を露出して使う照明器具が流行していましたので、いろいろな形状や輝きを持つランプが注目されていました。しかし今日では、白色塗装電球や小型クリプトン電球といった一般照明用電球の使用が主流で、ひところに比べて遊び心を持った光源の活用が少なくなっています。

　タングステンハロゲン電球は、タングステンフィラメント電球に比べてその特徴がより顕著といえます。

ランプ形状		E26		E17		E11	
		白熱塗装電球		小形クリプトン電球		ハロゲン電球	
おもなワット数 （W形）		40、60、80、100		40、60、100		75、100、150、200	
代表的ランプの 光束（lm）		60W形54W	100W形90W	60W形54W	100W形90W	75W	100W
		810	1520	790	1480	1120	1600
1ワットあたりの 光束（lm/W）		15	16.9	14.6	16.4	14.9	16
ランプ寿命 （H）		1000		2000		1500	
備考		一般的に使われる電球の中では最もやわらかい光をもつ。3〜10％節電型もある。		器具のコンパクト化が可能。バルブは、クリアホワイトが主流だが目にやさしいブルー球もある。		ランプが高価なため一般的には局部照明向きであるが、キラメキや活気を表現したい場合、一般照明用として使われる。	

一般照明用白熱電球 住宅やホテル、レストランのように暖かな光で、あまり高照度を求めない空間照明に適した光源である。また、調光器の接続で0〜100％まで連続調光が容易に得られるため、演出効果や雰囲気を高めたい空間にも適している。しかしランプ寿命が短いことと、ランプ効率が低いことは決して経済的な光源とはいえず、また、輻射熱もあるため、これらをきらう人にとっては魅力的な光源とはいえないかもしれない。ランプ効率は10〜20lm/Wと幅があるが、同じ種類のランプであればW数の高いほど、lm/Wは高い。またランプ寿命は、調光によって電圧を少し落として使用することで伸ばすことが可能である。理論値だが、明るさを30％落として使用すると寿命は4倍になる。なお、この章のランプの図表のデータは、すべてメーカーによって特性が若干異なる。（2007年現在）

ハロゲン電球には、ガラスバブルの材質の違いで、クリアとフロストの2種があります。フロストではある程度柔らかい光が得られますが、多くの場合、クリアを使って設計された反射鏡によって、シャープなスポット光を求めます。

白熱電球の欠点は一般的にランプ寿命が短いことです（最近はキセノンガスを封入することでランプ寿命を1万〜2万時間に延ばしたものが開発されていますが……）。また1Wあたりの光束が少ないこともあげられます。**光束**とは光の量のことで単位は**lm＝ルーメン**。**lm/Wをランプ効率**といいます。

そのため大規模空間で高照度を必要とするところでの白熱電球照明は、経済性に問題があり、すすめられません。また、高天井でランプ交換をおこないにくいところでも、不適切な光源とされています。事実、私たちがクライアントや施主から設計依頼を受ける際、上記の条件をもつ空間ではまず初めに、白熱電球はできるだけ選ばないでほしいと言われます。

また、白熱電球には熱の問題があります。私は昔、器具の温度上昇試験の仕事をおこなっていました。これは光源の熱によって照明器具が変形しないように、あるいはさわって火傷したり、建築の造営材が焦げたりするなどの問題を未然に防ぐために必要なテストです。そのような仕事をしていたせいか、照明熱については常に気を配って設計しています。しかし、ときにはクライアントが期待する演出効果を優先するあまり、きわどい使い方をせざるを得ないことがあります。そのときでも念のため、メーカーに器具の使い方を説明して、そこで熱の心配がないかの確認をしています。

　白熱電球の間接照明による熱で、天井が少し黒くなっているところをときどき見かけます。ランプと天井の間が近いと、そのような問題が起こります。とくに熱に弱い対象がランプの近くにある場合は、注意が必要です。

　多層膜コーティングされた**ダイクロイックミラー付きハロゲン電球**が、いま投光用電球として注目されています。これは白熱灯スポットライト特有の輻射熱を大部分カットしてあることが大きな特徴ですが、ランプの種類やメーカーによって光の拡がりと光色が異なります。

　少し前まで、投光用電球といえばバルブ径121mmの**PAR型（シールドビーム）電球**に代表されていました。しかし今ではこのダイクロイックミラーランプによってバルブ径が35mmから51mmの大きさですみ、PAR型より省スペースを可能にしています。なかでも12V用は約2分の1の電力量でPAR型と同じようなスポットライト効果が得られるので、省エネルギーで環境に優しいスポット照明用電球とされています。

　今後、住宅照明でも、何か美しい対象を空間から浮き立たせるハイライト効果を演出したいとき、ダイクロイックミラー付きハロゲン電球は欠かせないものに

投光用白熱電球　この表の見方は、たとえば表の下から2つめの1/2ビーム角30°PAR形電球100V100Wは、ランプ直下1.65m離れたところで1000lxの照度がとれ、直径880φの光のパターンが見えるわけではないものの、それに近いイメージはある。また、一番下の12V50W用ダイクロイックミラー付きハロゲン電球は1/2ビーム角30°でPAR形電球の100Wに近いスポット照明効果が得られていることが分かる。このことからPAR形電球に比べダイクロイックミラー付きハロゲン電球はスポット効率が高く、さらに100V用より12V用のダイクロイックミラー付きハロゲン電球がその特性について優れていることが分かる。1980年以前はスポットライト器具といえば反射投光形やPAR形電球用に代表されていた。しかし、今日では店舗空間を中心にダイクロイックミラー付きハロゲン電球が普及し、その種類を増やしている。

照明［あかり］の設計

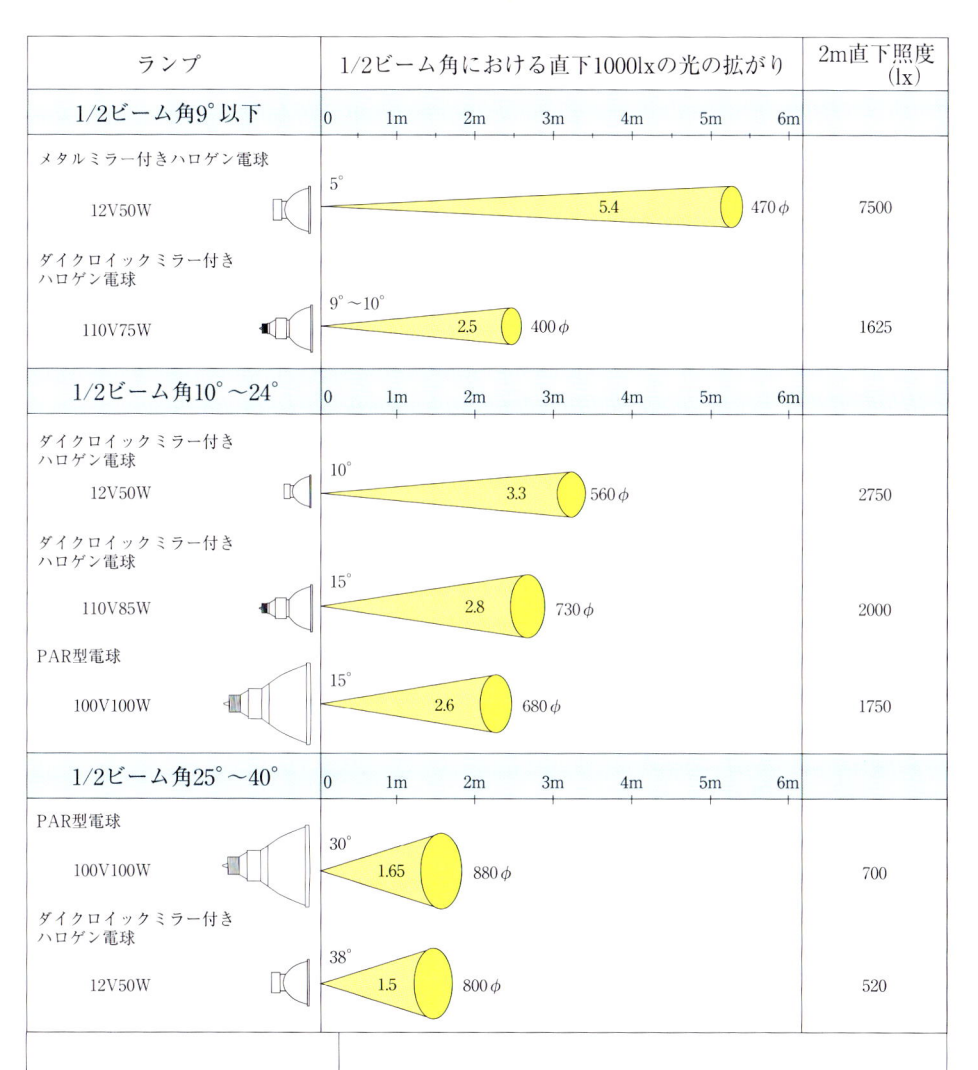

ランプ	1/2ビーム角における直下1000lxの光の拡がり	2m直下照度 (lx)
1/2ビーム角9°以下		
メタルミラー付きハロゲン電球 12V50W	5°, 5.4, 470φ	7500
ダイクロイックミラー付きハロゲン電球 110V75W	9°〜10°, 2.5, 400φ	1625
1/2ビーム角10°〜24°		
ダイクロイックミラー付きハロゲン電球 12V50W	10°, 3.3, 560φ	2750
ダイクロイックミラー付きハロゲン電球 110V85W	15°, 2.8, 730φ	2000
PAR型電球 100V100W	15°, 2.6, 680φ	1750
1/2ビーム角25°〜40°		
PAR型電球 100V100W	30°, 1.65, 880φ	700
ダイクロイックミラー付きハロゲン電球 12V50W	38°, 1.5, 800φ	520

なると思われます。

　一般に白熱電球は器具のデザインや取付位置、生活視点によって電球そのものが見えてしまうこともあります。電球自体の輝度が高いので、そのような輝きが目にはいることで不快なまぶしさ（グレア）を感じやすく、それによって空間の雰囲気を台無しにしてしまうことがあります。

　また白熱電球は一般的特徴として、経済的なランプ

ランプ形状	直管形 FL		環形（Hfスリム） FCL		二重環形 FHD	
おもなワット数 (W)	20、32、40		13、20、27、34、41		40、70、100	
代表的ランプの光束 (lm)	20W	40W	20W	34W	40W	100W
	1470	3560	1800	3270	3450	9850
1ワットあたりの光束 (lm/W)	73.5	89	90	96.2	86.3	98.5
ランプ寿命 (H)	8500	12000	12000		10000	
備考	キッチン流元灯、コーブ、コーニス照明に用途。スリムタイプ(Hf)もあり、ランプ効率はさらに高い。		スリムタイプは管径が16mmで一般形のFCLに比べランプ効率が高い。明るい。		ランプ光束は周辺温度が40℃に設定した時、それ以下の場合、光束はやや低下。	
			シーリングライトに用途			

とはいえません。しかし住宅照明は経済性や効率さえよければよいわけではなく、少なくとも雰囲気や演出効果を高めたい部屋では白熱電球の方がはるかに使いやすく、優れた特性を持っています。白熱電球の光は繊細であるため、設計さえ誤まらなければ、期待を裏切らない照明を住空間で創造してくれるはずです。

蛍光ランプ……
省エネルギーで演色性も進歩

蛍光ランプは、白熱電球とはまったく異なる発光原理をもっています。それは、放電現象によってガラス管内で発生した紫外線が、ガラス管内壁に塗布された蛍光塗料を刺激して、発光させるという仕組みです。始動原理によって、スタータ型、ラピッドスタータ型、スリム型に大別されます。

住宅では**スタータ型**が多く、これにはグロースタータを使って点灯に若干時間のかかるものと、電子回路

三波長形蛍光ランプ ランプ効率や寿命の点で、蛍光ランプは白熱電球に比べて優れている。地球環境問題を契機に今後ますます省エネルギー照明が求められることは必至で、世界的に見ても住宅照明で欠かせないランプと考えられる。今まで住宅で使用される蛍光ランプといえば直管形・環形に代表されていたが、今日では27W以下のコンパクト形や電球形の普及が高まってきている。これらは直管形と比べるとランプ寿命やランプ効率の点でまだ若干劣るが、ランプが小型で器具デザインがよくなっていることが評価されている。蛍光ランプは周辺温度によって明るさの影響を受けたり、寿命末期に近づくと照度の低下が白熱電球より大きいといった問題はあるが、日本では経済性に優れていることがそのような問題を一蹴している。また、白熱電球ほど簡単ではないものの、連続調光のできるランプが増えており、一般照明用の白熱電球に特性が近づきつつある。このような特性から今後、住宅照明

		コンパクト形				電球形	
	2本チューブ		4本チューブ		6本チューブ		A形
FPL		FDL		FHT		EFT、EFD、EFAなど	
9、13、18、27、28		9、13、18、27		16、24、32、42		8、12、15、25	
9 W	18W	9 W	18W	16W	24W	15W	
540	1120	520	1070	1200	1800	810	
60	62.2	57.8	59.4	75	75	54	
6000	7500	6000		10000		6000	
卓上スタンドに用途。		ダウンライトやポーチ、庭園灯に用途。				ランプに安定器を内蔵しているのでE26ベースの白熱電球器具の代替になる。調光はできない。	

の全般照明は蛍光灯、スポットや装飾照明は白熱灯で、という徹底した考え方で照明設計することも一考かな、と思うことがある。なお、蛍光ランプはおもに一般形と三波長形に大別できるが、上記の表は三波長形のデータである。(2007年現在)

により瞬時点灯するものがあります。一方、オフィスビルでは瞬時点灯する**ラピッドスタータ型**が主流で、また店舗のショーケース内照明に使われている細管の蛍光灯が**スリム型**といわれています。時折、グロースタータ型器具にラピッドスタータのランプをいれたものや、その逆も見かけますが、この場合ランプ寿命に悪影響を与えたり、場合によってはランプが点灯しないこともあるので注意しなければなりません。

　ランプは形状にも直管型、環型、小型変形 (コンパクト型、電球型)、超細管などがあり、その点灯に必要な安定器にも一般型、電子安定器、磁気回路式省電力型があり、器具との関係でランプの相性がいろいろとあります。一般的に住宅で蛍光灯を選ぶ場合、ほとんど問題はありませんが、防水使用や調光したいなどという条件がつくと、蛍光ランプといえども選定が少しやっかいですので、メーカーのカタログをよく読んで選ばなければなりません。

蛍光ランプの特徴は、まず寿命が長く、ランプ効率の高いことです。別表を見ればわかると思いますが、徐々にランプの種類を増やしており、特性も改善されています。低輝度でやわらかい光が一般的な特徴ですが、最近は一般型蛍光ランプが小型化あるいはスリム化され、輝度が高まっています。そのためランプを直視するとかなりまぶしいこともあり、生活視点に対して十分な遮光が求められます。

今日、小型変形タイプの蛍光ランプは大きさと光の質の点で、限りなく電球に近づいています。低ワットタイプは電球とほぼ同じような小型のものも開発されています。また、コンパクト型の一部には今まで不可能だった調光を可能にし、また電球型は密閉型の器具に入れて使用できるタイプも市販されています。

直管型を主体に蛍光ランプの光色は、暖かい光から青白いものまで、種類によっておもに3〜5色あります。それらは暖かい（色温度の低い）光の順に**電球色**、**温白色**、**白色**、**昼白色**、**昼光色**になります。最近、住宅の窓明かりを見ているかぎり、東京は白色、昼白色光が多く、それに混じって電球色が少しずつ増えている感じがします。

本来、住宅のような低照度空間には雰囲気的に電球色の方がすすめられますが、電球型やコンパクト型蛍光ランプでは電球色が定着しつつあります。蛍光ラン

左／天井スリット照明　超細形蛍光ランプを使用して施工されている。器具取り付けやランプ交換に必要なスペース（指が入る程度）があれば、かなり細いスリット状の天井照明が可能である。

右／12V 3Wの冷陰極管蛍光ランプ用器具　一般的な蛍光灯の電極を予熱して点灯させる方式と異なり、高電圧によって瞬時点灯させることができる蛍光ランプである。管が超細形になり、一般照明用としても活用できることから、従来の蛍光灯にはないデザイン器具の開発が進んでいる。

プの電球色を見比べると、メーカーによって若干色味が異なります。また国産の電球色は、欧米に比べて少し白っぽくしてあります。これは日本人の白色光好きを配慮してのことのようです。

　電気をたくさん使うことは発電による大気汚染につながることから、住宅でもできるだけ家庭的雰囲気を壊さない程度に電球色の蛍光灯を使うように、アメリカでは指導されています。とくに電力会社が率先して、そのような活動をおこなっています。当然、このような運動はヨーロッパにも波及していますが、ヨーロッパ人とくに北欧人は白熱灯へのこだわりが強く、アメリカ人ほど蛍光灯に対して寛容ではないようです。

　話は変りますが、蛍光灯は安定器を使って点灯させるために、周波数の関係で光にちらつきが生じます。それは商用周波数の影響で、たとえば関東では50Hzなので1秒間にその倍の100回のちらつきが生じています。こうしたちらつきは1秒間に40回以内だと明らかにちらついていると知覚しますが、100回程度だとあまりわかりません。しかし、視覚は無意識の中でそのちらつきをとらえており、そのような光を放つ照明器具での長時間の視作業は、目を疲労させる原因になります。

　今日では、高周波インバータの普及でそのような問題が徐々に改善されつつあります。数10万Hzで点灯していますので、ほとんど光にちらつき感がなくなったといってもよいでしょう。とはいっても、まったくなくなったわけではありません。インバータ器具でも、器具とランプとのメーカーが異なって相性が悪いと、ちらつきが生じることもあります。

　冷光といわれる蛍光ランプでも、熱の心配がまったくないわけではありません。確かに同じ照度であれば電球に比べて感じる熱は少ないのですが、小型変形ランプを反射鏡付きダウンライトなどに使う場合、器具

ランプ形状	HQI-TS		CDM-T	ハイラックス	
	メタルハライドランプ				
おもなワット数 (W)	70、150		35、70、150	70、150	
代表的ランプの光束 (lm)	70W		70W	70W（フロスト）	
	5000 (3000K)	5500 (4200K)	6600 (3000、4200K)	4300 (3500K)	4800 (4500K)
1ワットあたりの光束 (lm/W)	71.4	78.6	94.2	61.4	68.6
ランプ寿命 (H)	6000		12000	6000	
備考	Ra80 (3000K) Ra85 (4200K) 紫外線カット		Ra94 (3000K) Ra94 (4200K) 超小型 光色のバラツキが他のメタルハライドランプに比べ少ない。	Ra96 (3500、4500K)	

直下30cm以内に可燃物を置かないように、といった制約が機種によってあります。また、安定器は熱に弱く、とくにインバータはそれが原因で故障することもあります。最もよい蛍光灯の使用環境は、ランプや安定器の種類にもよりますが、周辺温度が10～35℃、湿度85%以内、そしてほこりの少ないことです。

　近年では、一般照明用である蛍光ランプでも、**演色性**（ものの色の見え方を表わす光源の性質）を高めたものが市販されており、普及しています。その結果、蛍光灯の生理的不快感も少なくなっています。しかも省エネルギーで環境に優しいということから、照明の演出しだいで質の高い照明空間の創造も可能で、さらにその地位が高まっていくような気がします。

HIDランプ……住宅照明に応用できるか

漆黒の闇から浮かび上がる橋梁やタワーなどの巨大

HIDランプ　HIDランプは250Wから1kWを中心にその種類が増えている。これらのランプは大光束でパワーがあるために、おもに道路や広場、競技場、巨大建造物など、広い面積を明るく照明するのに有利である。最近のHIDランプは図表のように小型のものが次々と開発されている。さらに演色性も改善されつつあるため公共建築や店舗などの屋内空間に全般照明として、その用途が確立されつつある。(2007年現在)

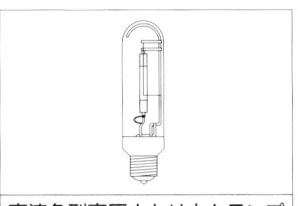

高演色型高圧ナトリウムランプ	
	140、250
	140W（クリア）
	7000 (2500K)
	50
	9000
	Ra85

　建造物の照明は、白熱ランプや蛍光ランプではなく、ほとんどがHID（高輝度放電）ランプを使用した投光器でおこないます。これは高圧水銀ランプ、高圧ナトリウムランプ、メタルハライドランプなどの総称で、少し乱暴な説明をすると、白熱電球のように高い輝度を持ち、蛍光ランプのように効率と寿命に優れた光源といえます。また高ワットタイプが多いため、少ない灯数で広い面積を明るくするのにふさわしいといえます。

　HIDランプの点灯には蛍光灯同様、基本的に安定器という装置を必要としますが、蛍光ランプと違うのは点灯および再点灯に今のところ数分の時間を要する問題があることです（瞬時点灯型もごく一部であります）。

　高圧水銀ランプはおもに広場や道路照明に使われていますが、光の多くは白色ないしは緑白色光で演色性も低いランプです。最近は電球色で演色性も一般の蛍光ランプ近くまで改善されたものも開発されていますが、後述のメタルハライドランプに比べて価格以外に優れている点が少ないので、屋外照明の質が高まるにつれて、あまり使われなくなってきています。私も設計では、高圧水銀ランプよりどうしてもメタルハライドランプを選んでしまいます。

　高圧ナトリウムランプは、オレンジ色の暖かい光色が特徴で、見慣れていればすぐにわかるランプです。道路照明でオレンジ色の光であれば、ほとんどこのランプといえます。ランプには高効率型と演色改善型、高演色型、高彩度型があります。一般に演色効果の高いものほどランプ効率が下がり、価格も高くなります。高効率型は1Wあたりの光量が他のランプに比べて多く、さらに長寿命です。白熱電球と比べると光量と寿命の点で10倍くらいの違いになることもあります。したがって、照明の機能や経済性にウェイトがおかれる高速道路やトンネル照明、タワーのライトアップなど

に優れた特徴を発揮します。高演色型は光の質が電球に似ているため、ランプは高価ですが、デパートやショッピングセンターなど比較的規模の大きい室内空間の全般照明用としても使用されます。

　メタルハライドランプは、高圧水銀ランプの内管に金属ハロゲン化物を添加したもので、水銀ランプの演色性とランプ効率を高めたランプです。光色も温かい色から昼光色まで、さまざまあります。20Wから1kWを越えるタイプまで、ワットバリエーションも豊富です。光色にばらつきのあることが問題になることもありますが、それも最近は発光管にセラミックを使ったCDMの出現により改善されつつあるようです。今日では屋外の景観照明をはじめホテル、店舗、オフィスビルなどの屋内照明に幅広く活用されています。

　住宅団地や道路、歩道、公園など都市景観の照明設計に携わったことがありますが、ほとんどHIDランプで考えました。ランプはメーカーによって特性が若干異なるので、少しでもよい効果が得られるのであればランプメーカーを指定します。しかし照明器具が既製品で、ランプが他のメーカーになるとランプと器具の相性が合わないこともあります。その場合、必ず器具メーカーに相談するなどの確認をとります。

　HIDランプでも、住空間に使えそうな低ワットタイプが開発されています。吹抜け空間や広い庭などにその事例がありますが、まだ特例にすぎません。このランプを住宅で普及させるには、低ワットで器具を小型化すること、低コスト器具の瞬時点灯開発することが必要です。

　以上、3大光源の種類と特性について概略を説明しましたが、このほかに注目されるランプに、発光ダイオード（LED；Light Emitting Diodes）、無電極ランプ、ELランプがあります。

メタルハライドランプ　天井高のある大空間を高照度で照明するには、高ワットのメタルハライドランプが少ない灯数ですむので有効。さらにランプは長寿命なので、ランプ交換などのメンテナンスも楽である。この種のランプは今のところ住宅向きとはいえないが、小型ランプの出現により吹抜け空間などの応用が考えられている。ワールドファイナンシャルセンターのアトリウム照明。アメリカ・ニューヨーク。

照明[あかり]の設計

発光ダイオードは光る半導体のことで、今までは表示用照明としての用途が主でした。しかし今では青色のLEDと蛍光体の組み合わせで、演色性も高く白熱電球の10倍以上のランプ効率が得られ、しかも4万時間前後というランプ寿命が評価されて、一般照明用としても21世紀を代表する光源になるものと期待されています。なかでも、マイクロプロセッサを組み込んだLEDランプは、多彩な色光や光色の再現が可能で、将来が有望視されています。

光源の種類や特性をカタログ上で知ることは大切ですが、実際にそのうちのいくつかを購入して、ランプ特性の違いを体験する必要もあります。私の事務所ではいま50種類くらいのランプがありますが、何かことがあるたびにそれらのランプを点灯して、光の効果を確認するようにしています。

LEDランプによる外壁照明 青色のLEDランプの発明により、これまでの赤と緑色LEDランプの混色によって無限の光色が出せるようになった。長寿命でランプ効率の高さが特徴で、省エネルギーがますます求められる21世紀の照明に、現在の蛍光ランプに変わる新光源として住宅への普及も注目されている。通産省の試算によると、白熱灯と蛍光灯を毎日5時間点灯した場合、白熱灯の50％と蛍光灯のすべてをLEDランプに変えると、電力消費は現在のおよそ半分ですむという。

第4章
照明器具の選び方

カタログ活用法

　現在、私の事務所には国内外含めて、50社近いメーカーの照明器具カタログやパンフレットがあります。大きなメーカーですと総合カタログ以外に、住宅用、店舗用、屋外照明用、ランプ用など1社につき3種類以上もあり、これらをあわせるとカタログだけで書籍棚のかなりのウエイトを占めます。カタログは多ければ多いほど、器具選びや手法の選択肢が増えます。しかしその分、設計業務に時間を要しますので、要領のよい使い方を考えねばなりません。

　とくにインテリアコーディネーターは、照明器具カタログから器具を選ぶ場合、使い慣れた器具を選ぶことが多くなります。その際にプレゼンテーション用として器具写真を切り取ってしまうため、ときには同じカタログを何冊も必要とします。このようなことを続けていると、必要のないページの多いカタログで書棚が埋まってしまいます。できれば、よく使う器具や使いたい器具のページだけをあらかじめ切り取って、ファイルにしておくことがすすめられます。また、写真と仕様はコピーで対応するか、メーカーによっては同じ器具が何枚かシールになっている姿図集があるので、それを活用すると便利です。ただ、これには器具の大

カタログの光情報　光のスペースデザインにウェイトをおく照明設計には、器具の外観よりも器具から放射される光のデータが不可欠。そのため、配光曲線や照度図の載っているカタログが必要となる。ヤマギワのカタログより。

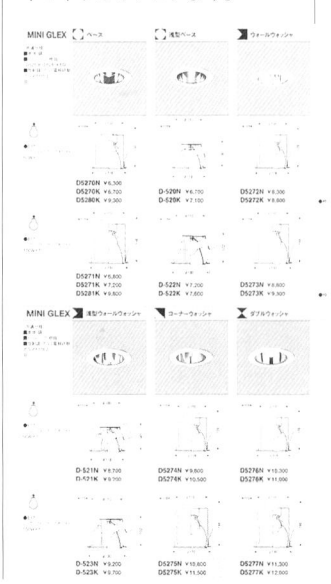

きさや使用ランプなどの情報が抜けていることもあるので、注意して使わなければなりません。

最近ではカタログ情報をインターネットで操作したり、CD-ROMで配付したり、コンピュータで必要な器具写真や仕様、データなどをダウンロードできるようにしているメーカーも、増えつつあります。

また、メーカーにもよりますが、ホームページにアクセスすることで、カタログを取り寄せることも容易になってきました。ただ私たちもいつ新しいカタログができるのかはわからないので、新カタログができたらすぐに送ってもらえるようなルートをつくっておく必要もあります。現在2年おきに、インターナショナルライティングフェアが東京で開催されています。日本のみならず、アジアや世界を代表する照明メーカーも出展しています。そこでは実際にランプや照明器具を見ることができ、新製品に関するパンフレットもその場で入手できます。さらに企業によっては後日、カタログを郵送してくれることもあります。

照明器具カタログは多くの場合、取付位置別に分類されています。その他に、和風（和室向き）、キッチン、アウトドアなどといった空間別で一部表現されて、選びやすくなっています。照明器具はほとんどカタログだけを頼りに選ばれますが、できればショールームなどで明るさや器具の仕様などを直接、目で見て確認することをおすすめします。しかしショールームに行っても、使いたい器具が必ずしも展示されているわけではなく、地域によってはショールームがないため、カタログ情報にかなり頼らざるを得ないのが現状といえます。

器具選びのときは、まず写真でデザインを見ますが、同時に価格や器具寸法、素材、仕上げ、使用光源、使用上の注意事項などを確認しなければなりません。忙

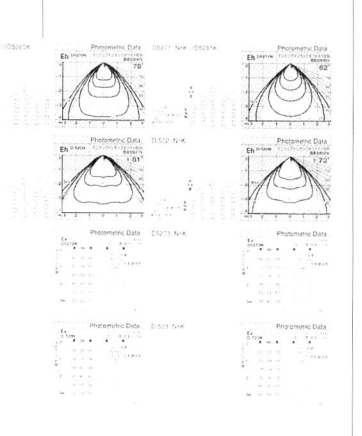

しいと器具写真と価格だけで器具を選んでしまうことがあると思いますが、そのようなやり方では現場で器具が取り付けられたとき、器具の大きさや光の効果がイメージと違うこともおおいに考えられ、後悔するにちがいありません。

　イメージの違いだけならまだよい方で、ときには建築の構造上、思った位置に取り付けられなかったり、納まりが悪かったりすることもあります。カタログを見ただけで、その器具の大きさや色が適切かどうかをイメージできる人は、かなり現場慣れした人でしょう。器具が空間にどう調和するかの自信がなければ、型紙のような簡単なモデルをつくって、自分の家でその大きさなどを確認することも必要です。

　器具のデザインよりもっとやっかいなことは、器具から放射される光が、空間にどのような効果をもたらすかを予測することです。カタログの器具写真や仕様をいくら見ても、光はわかりません。それには配光曲線図のような、光のデータが必要になります。

　配光曲線図とは、照明器具から放射される光が、どの方向に、どのくらいの強さで出ているかをあらわしたものです。このデータがあれば、あらゆる場所の照度を算出することが可能で、さらに器具の輝き度合いなどが予測できます。

　一般の住宅照明用カタログには、この種のデータがほとんど載っていません。総合カタログでも、器具デザインよりも光の効果や機能を優先するダウンライトやスポットライト、庭園灯、蛍光灯器具の一部が載っている程度です。それだけでも設計にはかなり役立ちますが、器具のデザインだけでなく照度も重視したいペンダントや明視スタンドなどにもデータがあればと、つくづく思うことがあります。なお配光データでは、器具から洩れるわずかな光までを読みとることはできません。したがって、竣工現場で思わぬ洩れ光が生活

ペンダントの名作　1958年にポール・ヘニングセンがデザインしたアーティチョークが使われている空間。朝鮮アザミ（アーティチョーク）の形をしているところからこの名前がついた。銅製で、白色塗装とヘアーライン仕上げの2種類がある。72枚の羽で構成されており、金属製でありながらまるで光が透過して見えることと、どこからみても中の光源が見えにくいことが、デザインの特徴になっている。デンマーク・コペンハーゲンのSASロイヤルホテル。

ランダムに吊り下げられたペンダント群　北欧ではペンダントを下げる照明が好まれているが、その高さは少し低めで、この地の1年の平均的太陽高度を意識しているような感じがする。器具はまぶしさを感じさせないように、見上げた視線でランプができるだけ見えない設計になっている。フィンランド・ヘルシンキのミーヤマキ教会、ユハ・レイビスカのデザイン。

者の視覚を刺激して、善きにつけ悪しきにつけ、空間に思わぬ印象をあたえることも考えられます。

さて肝心のカタログ活用法ですが、とくに適正な選び方について、次に示す器具別で紹介しましょう。

ペンダントとシャンデリア……
吊下げ器具の新しい応用

天井から吊り下げる器具のうち、多灯用をシャンデリア、1灯用をペンダントといいます。一般にはコード吊りで、重量のある器具はワイヤーまたはチェーン吊りになります。

シャンデリアは部屋の中央に取り付けられることが多く、器具の直下で手を挙げたときに手の先が触れない高さが必要なため、天井高のない日本の住宅では選びにくい器具といえます。

一方、**ペンダント**は和風器具以外、おもにダイニングルームの食卓上に付けられるため、普通の天井高であれば取付け高さ的にも問題なく、料理を明るく見せるほかに、部屋の装飾効果を高めるのに効果的な器具といえます。

ペンダントには名作が多く、著名なデザイナーや建築家によってデザインされ、何十年もロングセラーになっている洗練された器具もあります。

たとえば、1952年にイサム・ノグチがデザインした、和紙でつくられたちょうちん風の「あかりシリーズ」は手ごろな価格で高級感があり、純和風はもちろん新和様や洋室のインテリアにも比較的よく調和するため、今日でも人気があります。このほかにスカンジナビア（北欧）のポール・ヘニングセンやアルネ・ヤコブソン、イタリアのアッキーレ・カステリオーニ、マリオ・ベリーニなどがデザインした器具も、長いあいだ世界中の人々に愛されています。

ペンダント器具を食卓上に付ける場合、料理をおい

しく浮かび上がらせるには、白熱電球が望ましいといえます。一般にはダイニングテーブルの色や素材、大きさと調和するデザイン器具でなければなりません。私も家具情報が不十分な状況でペンダントを選んで、失敗したことがあります。天板が木だと思っていたらガラスだったり、自分がイメージしていたものと色が違ったりして、現場で落胆してしまうこともあります。インテリアコーディネーターは家具を自分で選んでいることが多いので、このような失敗は少ないと思いますが、照明設計は家具と無関係ではできないので、注意しなければなりません。

　ペンダントの照明効果については、透過性のシェード器具であれば、6〜8畳くらいの広さの場合、それだけで食卓と部屋の明るさを同時にとることが可能です。しかし広いダイニングルームでは、ペンダントとは別に全般照明用の器具が必要になります。食卓上のペンダントはテーブルの大きさと関係して、器具の大きさが問題になります。したがってカタログでは、器具の寸法を見落とさないようにしなければなりません。

　一般には食卓上に1灯のペンダントがつきますが、長方形のテーブルであれば長手の長さに対して3分の1くらいの幅をもつものが、ひとつの目安としてすすめられます。大型のテーブルに2灯を取り付ける場合は、テーブルの長さを2分割し、その長さの3分の1以下の幅をもつものがよいでしょう。小型のペンダントを3灯以上つけると、まるでシャンデリアのような効果で、華やかな雰囲気が得られます。なお、円形テーブルであれば直径の半分くらいが適切といえます。

　器具の取り付け高さは、器具のデザインにもよりますが、食卓面上から器具の下面で60cm前後が好ましいと思います。実際、その目安にしたがって、取り付け高さをいくつかのデザイン器具で実験してみましたが、およそ問題がありませんでした。

ペンダントのコードの長さは、メーカーや器種によって決まっています。一般には1.5〜2.0mくらいですが、なかにはそれより短いものもあります。そのため、引っ掛けシーリングからテーブルの位置が離れていると、コードが短くてバランスのよい高さに取り付かないことになります。逆にコードが余った場合は、中間フックを使用したりして調整します。コード長はカタログに載っていますが、もしそれ以上長くして使う場合は、購入前に長さを変えてもらうようにしなければなりません。

　本来、ペンダントの効果は、天井の高いところから吊り下げ、小さな輝きがいくつか中空に浮いているような状況で使うことが望ましく、その意味で、階段室や吹抜け空間ではランプの交換が可能なところの高さまで吊り下げて使うこともよいでしょう。また、電動昇降式の器具であれば、取付け高さをあまり気にしないで選ぶことができます。できれば、器具の輝きが窓越しに外から見えると、さらに効果的といえます。

　フィンランドで私は、複数の小型ペンダントをある規則性をもって配灯している教会や図書館などを見ました。それらはいずれも間接的な光の器具で、たいへん美しく、感動しました。

　もともとペンダントは単体使用の目的でデザインされていることが多いのですが、小型のものを複数灯選ぶ方が効果が発揮されやすいこともあり、配灯デザインまで考えた新しい提案がこれから求められます。

ウォールライト……
取り付け高さが意味をもつ

　ウォールライトは壁に付ける器具で、一般にブラケットとよばれています。**ブラケット**は壁直付け器具のことで、灯具が突き出た形状のものが一般的です。空間に必要な照度を得る目的よりも、雰囲気や装飾効果

を高めるためにデザインされたものが多く、ろうそくの炎のような形をしたシャンデリア球を露出で使うクラシックデザイン器具から、ガラスグローブや金属のシェードを駆使したモダンデザインの器具まで、多種多様です。

　カタログの器具写真を見ると、ブラケットはほとんど正面から撮影されているため、横からや上からの視点でどのように見えるかは、よくわからないことがあります。たとえば、細長い廊下でブラケットを付ける場合、器具の横顔を見ることでランプがじかに見えてまぶしいとか、また器具の出幅が大きくて誘導効果の妨げになるといった問題をよく聞きます。ブラケットだけにかぎった話ではありませんが、装飾的なランプ以外、器具内の光源が直接目に見えてしまうことほど、お粗末なことはありません。そのため、直接配光をもつ器具は目線より下に、逆に間接照明器具は目線より上で、しかも天井面にあまり近づけない位置に取り付けることが望まれます。

　ブラケットは取付け高さが重要で、取り付けた後で気に入らないからといって、簡単に位置を変えることはできません。したがって器具を選ぶ場合、経験上実績のある器具か、もしくは実験などで照明効果を確認しているものでないと心配です。そこで私はスチレンボードやボール紙などを使って簡単な実寸モデルをつくり、器具の大きさや取り付け高さを、適当な部屋で確認するようにしています。

　ウォールライト器具のなかには、お椀のような形状をした器具で壁にべったり付く**スコンス**や、壁に穴を開けてそこに埋め込むタイプがあります。廊下や階段の足元をおもに照らすための、床に近い高さに取り付ける足下灯がよい例ですが、なかには視線より上の位置に埋め込んで床面をできるだけ明るく照明するように、反射鏡で光を制御した優れものもあります。

右上／**ピクチャーライト**　あくまでも絵を照らす目的のためにあり、絵に十分な光が行き渡るように絵の大きさと位置を決めてから、器具と取付け位置を決定しなければならない。それを怠ると写真のように、絵に十分な光があたらないこともある。この器具の多くはスポットライトほど明るくはないので、ベッドルームのように全般照度が暗めの部屋で効果を発揮する。

右下／**直接間接照明のブラケット**　器具は金属製が多く、白熱電球用では壁面に上（間接光）下（直接光）の放射状の影がくっきり映る。点灯していると器具の存在感がより強調されるが、器具の上下にカバーのないものは電球の熱が通り抜けて、天井面を焦がしてしまう恐れがある。写真は天井面が少し焦げたような感じになっているが、取り付けて5年目の様子である。

下／**スコンス**　器具のほとんどが間接的な照明効果をつくるため、照度よりも雰囲気や装飾効果にウェイトがおかれている。間接照明効果を高めるために天井から最低30cm以上離すこと、また見下ろす視点が考えられるときはランプがじかにみえないように、器具デザインおよび取付け高さの遮光の検討が重要となる。

照明[あかり]の設計

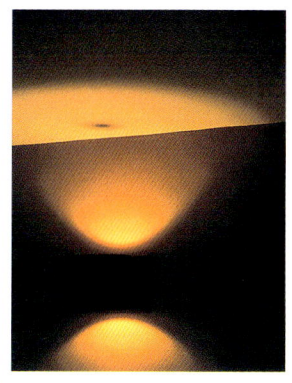

足下灯はおもに乳白カバー付きかルーバ付きになります。前者は足元を中心にほんのりと空間全般が明るくなりますが、輝度が高いと視点によってまぶしさが感じられます。後者は器具近くの床面がおもに明るくなるため、空間全般の印象は暗い感じになりやすいものです。いずれにしても、廊下の照明として使う場合、2〜2.5mピッチで付けられることが多いようです。

このほか**グローブ型**はおもに防雨や防湿などの防水構造を持つものが多く、住宅では浴室やそこに隣接する洗面室、外玄関に使われます。

ウォールライトは出入り口の扉、窓、絵画、鏡などと関係をもって取り付けられます。これらを選ぶ場合、必ず展開図か立面図が必要です。平面図や家具配置図だけでウォールライトを選んでいる人もいますが、もし窓や鏡、あるいは壁を背にした家具がある場合、その高さがわからないのにどうして器具を選ぶことができるのでしょうか。私の経験上、器具の取り付け高さが数センチずれただけでも、見た目におかしくなることは十分考えられます。

シーリングライト……
日本のあかりの代表格

天井直付け器具をシーリングライトといいます。日

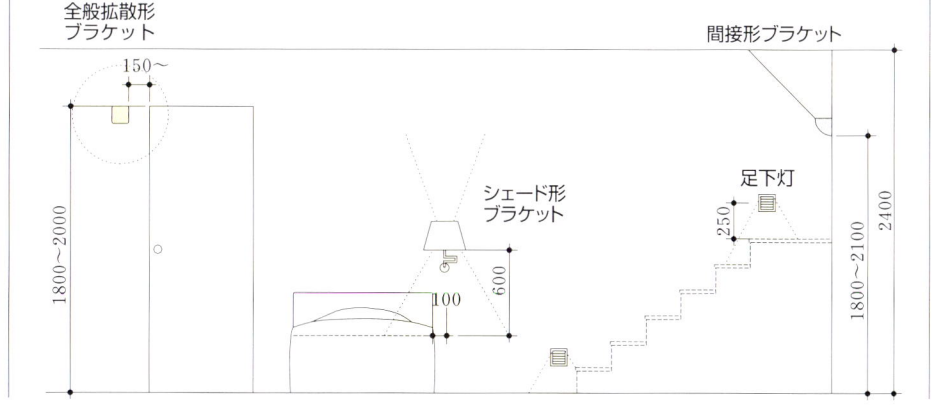

壁付け器具と取付け高さの目安
器具の形状や大きさに影響されるが、日常的な生活視点でランプが直接見えない位置に配灯することがとくに重要となる。

本の住宅では主照明用として、500φから1000φの蛍光灯の乳白カバー付きのシーリングライトがかなり普及しています。インテリアコーディネーターは、このような器具をよく選びますが、それは器具の性格上、1灯で部屋の明るさが得られるからでしょうか。それと、シンプルなデザインなので多くのインテリアにあまり抵抗なく溶け込んで、クレームを受けにくいことも大きな理由といえるでしょう。

　また、天井中央に引っ掛けシーリングまたは引っ掛けローゼットがあれば、一般の人でも比較的簡単に器具の取り付けができるものが多く、メーカーカタログに何畳用と明記されているものもあるので、それを目安に選べば、だれでも簡単に照明ができてしまうという利点をもっています。

　東京でも、夜に住宅街を歩いていると、窓明かりとして蛍光灯のシーリングライトをよく目にします。欧米にはない独特な都市の夜景といえます。日本在住の外国人デザイナーの何人かが、異口同音にこんなことを言っていました。

「日本の住宅照明を悪くしているのは蛍光灯シーリングライトの普及のせいだ」

　このような天井中央に付ける蛍光灯の大型器具は、日本人には受けいられても、欧米人にはおよそ人気のない器具のようです。私自身も個人的に好きではないので、施主の要望がないかぎり進んで選ぶことはありません。しかし、だれがなんと言おうと、選ぶ側からしてみればこれほど重宝な器具はないようで、当面、日本の住宅の主流であることはまちがいありません。

　蛍光灯の乳白カバー付き器具を選ぶ場合、カバーの透過率やカバーとランプとの距離に注意しないといけません。点灯時にランプイメージがカバーに映ってしまうことがありますが、そのような器具は白熱灯と違って、どうしても安っぽく見えてしまうからです。

また、部屋の広さに対して、あまりに大きなシーリングライトが付いていることもあります。天井面が器具に占有され、まるで映画に出てくる狭い宇宙船の中のようです。器具の大きさは、デザインにもよりますが、一般に6畳から12畳くらいの広さであれば、部屋の対角線の長さに対して、器具径が8分の1くらいを目安にすることがすすめられます。

　1室1灯で明るさの得られる蛍光灯シーリングライトでも、補助照明として白熱灯を加えることで雰囲気を変えることができます。とくに、市販されている器具の多くは、明るさが段階的に変えられる調光機能を持っているので、部屋全般の照度を落としてプラスアルファの照明を効かせることで、部屋の光景は一変します。

　ほどほどに照度が得られ、空間の雰囲気や装飾効果を高める目的で、白熱灯シーリングライトを選ぶことがあります。蛍光灯よりも味わい深い光が得られるため、住宅ではベッドルームやリビングルーム、応接室、座敷の主照明に使われます。

スポットライト……ハイライト効果を

　舞台は照明演出によって、見事に展開されますが、その主役は、なんといってもスポットライトです。同じように、一般照明用のスポットライトも、住空間の

シーリングライト器具の大きさ
左は約6畳の部屋に600φの器具(部屋の対角線長に対して約1 8の径)を配灯した例。少しさびしい感じがしたので、アクセントもしくは装飾的な光として置き型器具を加えた。右は同様に1 5径を持つ器具のみを配灯した。このシミュレーションで見ると、器具が少し大きく感じるが、それでもよいと考える人も少なくないと思われる。日本では乳白カバー付きの蛍光灯を主体にしたシンプルなデザインが多いため、少し大きめでも調和するのかもしれない。

演出効果を高めるうえで、欠かせない重要な道具となっています。しかし残念ながら、住宅では今のところ、あまり普及していません。

スポットライト器具は、照射方向を上向きにすれば間接照明に、下向きにすれば直接照明になり、生活者が生活行為に合わせて自由に光の角度調節をおこなえば、いろいろな雰囲気を空間につくることが可能です。たとえば、葉の形状が小さく肉厚の薄い観葉植物は背後からライトアップすることで、神秘的な葉影が天井面に映り、視覚的に潤いをあたえます。

スポットライト効果は、部屋の明るさに影響されます。舞台照明もそうですが、暗い空間でこそ演出効果を高めることが容易になります。明るい空間では、スポットライトに高い照度を必要とします。そのためスポット器具はその性格上、高い輻射熱を出します。熱線カットが十分にできていない器具で、10,000lxの照度を局部的に求めると、照明されているところは30℃以上温度が上昇します。照明熱による出火や対象の変形変色を防ぐためにも、メーカーカタログに記載されている照射面近接限界距離（器具と照明したい対象との距離）を厳守しなければなりません。

スポットライトは、レストランやブティックなどの商業施設でも多用されています。ときにショーウインドウはカラーフィルターなどを駆使して、まるで劇場のようにドラマチックです。ニューヨークの5番街に面した高級店舗のショーウインドウは、クリスマス月の12月には、赤と青色を主体にしたカラー照明があちこちで見られます。さらに陰影を加えながら奥行き感のあるファンタスティックな演出効果は、時空を超えて異次元に吸い込まれるようで見事です。

カラー照明を除くと、一般に全般照度の3～7倍の明るさがあれば、スポットライト効果が得られます。そして10倍以上で、対象は空間から浮き上がります。

メーカー各社の総合カタログを見ると、スポットライト器具には照度と光の拡がりを表わしたデータがだいたい載っています。住空間で特別な対象を目立たせるために、それをスポットライトに求めるのなら、全般が100lxくらいであれば、局部的に1000lx以上の支配的な光が必要です。

スポットライト器具は、おもに天井や壁に取り付けられますが、その種類によって光の拡がりや強さも多彩で、とくに集光性の高い器具は、低ワットでも局部的にかなりの照度が出ます。たとえば、ローボルトハロゲン電球100W用器具では、2m離れたところでも真夏の太陽直射照度に近い最大100,000lxが得られ、高度な光の美しさをもつものもあります。

スポットライト効果を高めるには、器具の要である反射鏡の素材や仕上げ、形状、それに使用ランプの大きさ、輝度が関係します。もし集光性の高い器具を選びたい場合は、パラボラ形状の反射鏡に発光輝度の高いフィラメントをもつハロゲン電球器具が有効です。スポットライト器具は、視点によってランプやミラーのまぶしい部分が見えかくれすることもあり、この場合できるだけまぶしさのある光の限界まで遮光したバンドアやグレアレスキャップ、ルーバが装着できる器具を選ぶ必要があります。

最近はミニリフレクター用やローボルトダイクロイックミラー付きハロゲン電球用のように、小型であまり目立たない器具も市販されており、いろいろと光が選べて、使い勝手がよくなっています。

器具の取り付け方法には、直付け、ライティングレール式、ワイヤー式、クリップ式などがあります。ライティングレール式は、そのレールに合うプラグ付き器具であれば器具の脱着が自在にできるため、模様替えの多い部屋の照明に重宝されます。クリップ式は、

カラースポットライト ニューヨークの5thアヴェニューを歩いていたとき、ショーウィンドウからカラーの光が目に飛び込んで、その美しさに思わず立ち止まった。効果的なカラーライティングは、まるで舞台を見るように人の目をひきつける。市販のスポット器具はカラーフィルターが装着できるものもあるが、色数は3～4色が普通で、多くても10色ぐらいである。私は以前、カラー照明のスペシャリストといわれる人の仕事を手伝ったことがあるが、ステンドグラスのカラーフィルター約100色を巧みに使い分けて、まるで空間というキャンバスに光で絵を描くような感じで仕事をしていた。

はさめる場所とコンセントが近くにあれば簡単に取り付けができるため、実験的に照明効果を楽しみたい場合にすすめられます。私も事務所でクリップ式をいくつか使っています。

　スポットライトは、器具をできるだけ目立たせずに、対象だけが発光しているかのように見せることがすぐれた演出となります。器具が目立って、いかにもこの器具で照明しているといった方法では、仕掛けのわかるド手なマジックを見せられているようで、感動がありません。

スタンド……置き型器具の4種類の光

　置き型の照明器具のことを日本ではスタンドといいます。なかで床に置くものを**フロアスタンド**、机や台などに置く器具を**卓上スタンド**とよびます。また別に、用途に応じた名称もあります。たとえば寝室のナイトテーブルに置く器具をナイトスタンド、勉強机に置くものをデスクスタンド、または明視スタンドということもあります。

　アメリカでは置き形器具をランプと称し、ナイトランプとかデスクランプといっています。ランプはまさに光源や照明器具の総称のように聞こえますが、そのくらい欧米では家庭照明に欠かせない器具なのでしょう。

　スタンドはコンセントから給電します。したがって器具を置く場所の近くにコンセントがないと、そのあいだの床を長いコードが走ることになります。そうなるとコードに足を引っかけたりして危険ですし、見栄えもよくありません。コードの長さはペンダント同様、器具によって決められています。普通1.5～2.5m程度なので、そのことも留意してスタンド器具を選ばなければなりません。スタンド器具の置かれる位置がある程度固定されるのであれば、その器具をつなぐコンセ

ントの位置を、設計の段階で明示しておく必要があります。

　置き型器具は光の出具合により、次の4つの形式に分類されます。置き型といっても光は多彩で、上手に使いこなすことができれば、住宅空間はそれだけで十分な照明演出を可能にします。

①シェード形

　シェード形は円筒形や円錐形の笠を使用したもので、スタンドの中でも最もポピュラーな形状です。とくにホテルの客室には欠かせないデザイン器具として、長い実績をもっています。シェードはその大きさや色、素材によって、また使用光源の種類や位置によって光の出具合が微妙に異なります。

　いままではこの種の器具は白熱灯用だけでしたが、最近は電球色の電球形蛍光ランプが使われていることがあります（欧米のホテルでも最近よく使われているのを見かけます）。スペインのマドリードでごく一般的な家庭を訪れたとき、リビングルームやベッドルームがすべてシェード形スタンドによる照明でした。電球器具かなと思ってシェードの中をのぞいてみて、はじめてそれが電球形の蛍光ランプとわかりました。壁の色が少し濃いめのオレンジ色やモスグリーンを使用していたので、部屋に入ったときはわかりませんでした。

　シェード形スタンドは、おもに部屋の雰囲気を高めるためとか、インテリアの一要素として漠然と選ばれることが多いようですが、生活に役立つためにふさわしい選び方があります。

　たとえば、シェードの色でいうと半透過のオレンジ色は暖色系のインテリアによく合い、客を暖かく迎えるメッセージを光に託します。また、壁際に置かれた不透明のシェードスタンドは、壁の上下に放射状の光を写し、壁の色を強調します。一方、半透明の白いシェードは、壁の色との調和が問われます。背景となる

壁面とに強いコントラストがおこると、違和感が生じるおそれがあるからです。

　壁面にいくつかの小さな絵画や写真などのパネルを飾る場合、それらをスポットライトで強調するよりも、シェードから洩れるほのかな光で照明した方がよい場合があります。この場合、シェードが半透明か不透明かによって、また内蔵されるランプが白熱電球のクリアかホワイトか、電球形蛍光ランプかなどによって、壁のパネルなどにあたる光と影の効果が異なります。

　円筒形のシェードは径が大きければ大きいほど天井面への間接照明効果が得られますが、見下ろしの視点があるとシェード内の光源が直接見えてグレア光になりやすいので、この種の器具はできるだけシェードの位置がアイレベルに近い高さに設定できるとよいでしょう。また、シェードやベースが大きすぎて台や棚からはみ出してしまうこともありますので、選ぶ際、器具の寸法には十分に注意しなくてはなりません。

　なお、市販のシェード形スタンドの中には、シェードの色がいくつかあり、取り替えて使うことで異なる雰囲気を楽しむこともできます。

②**グローブ形**

　グローブ形は光が四方八方に、まんべんなく拡散する器具です。暗い部屋で使用すると器具の輝きがグレアになりやすいので、調光器付きで明るさを変えられるようにするとよいでしょう。グローブ器具のグレアに関して、簡単なアンケート調査をおこなったことがあります。とくに全般照明のないところで使うと、満月より暗い1000～2000cd/㎡の輝度でもまぶしく感じられるようです。

　グローブはほとんどが乳白のガラスかアクリル製で、その形状は球と卵型が主体となります。器具の大きさは普通、直径250～300mm（普通電球100W用）くらいですが、大きいものでは400mmを超えるものもあります。

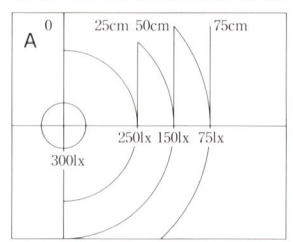

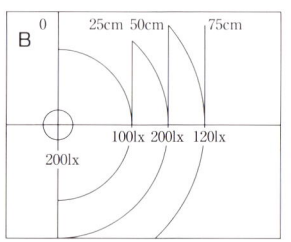

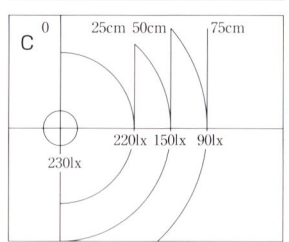

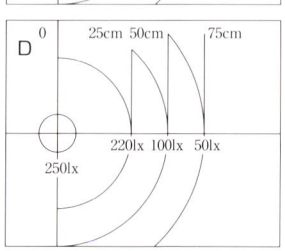

シェード形器具の概略照度　白色和紙シェードで照度を測定。ランプ高40cm。A＝白色塗装電球60W。B＝シルバー電球60W。C＝パステルカラー電球60W。D＝電球形蛍光ランプ14W。Bは一番遠くまで明るく、DはAと同じような光束を持つものの、下向きの光束量が少ないせいか若干暗い。

照明［あかり］の設計

こうした器具は床に置いて使うことが多く、たとえば観葉植物の背景やソファの横に置いて、どちらかといえば空間の雰囲気づくりを目的とします。ただし、人の顔を下から照明するため、陰影のつき方で顔が変に見えてしまうので注意が必要です。

③リフレクター形

リフレクター形は、ヘッドといわれる光源の内蔵されている灯具に、反射鏡や反射板が付いています。多くの場合、灯具の高さや方向がある程度変えられるフレキシブルアーム構造をもちます。器具は白熱電球の100V用で60～100Wが、また12V用で20～50W、蛍光ランプ器具で20Wくらいあれば、局部的に勉強や読書に必要な照度が期待できます。この種の器具は、一般に明視スタンドとして使われますが、ときおり雰囲気を変えたい場合、灯具の照射方向を壁や天井に向けて、間接照明としても使うこともできます。

リフレクター形スタンド器具は、カタログに照度分布図が記載されていれば、器具のデザインだけではなく機能面でも選びやすいのですが、残念ながらごく一部の器具を除いて、そのようなデータを見たことがありません。もちろんデータがなくても、私たちは反射鏡の有無やランプの種類でおよその局部照度を推測することができますが、一般の方では無理でしょう。なお、反射鏡つきスタンド器具は、使い方を誤ると手暗がりでものが見えにくかったり、明暗コントラストが強すぎて目の疲労をよぶ恐れがあるので、必ず全般照明と併用するよう注意が必要です。

④トーチ形

トーチ形スタンドは、昔の携帯用照明器具である松明（たいまつ）をイメージします。1.6m前後の高さをもつフロアスタンドで、光の大半を天井や壁面にあてて間接的照明効果を得ます。ヘッドは主に金属製やガラス製で、とくに装飾がほどこされた天井の照明に効果を発揮し

上／シェード型スタンド　空間の装飾効果を高めるだけではなく、ときにはタスク照明に、ときには柔らかなスポット照明を演ずる。壁際に配灯するとシェードの形によって壁に映る光の形が異なる。明るい壁の部分に写真や絵の小さなパネルを飾るのもよい。

下／グローブ形スタンド　観葉植物の背後に置いて、葉影を通した器具の輝きをみると、空間に趣が得られて興味深い効果が得られる。間接照明との相性がよく、調光つきにすればまぶしさの問題も解消する。

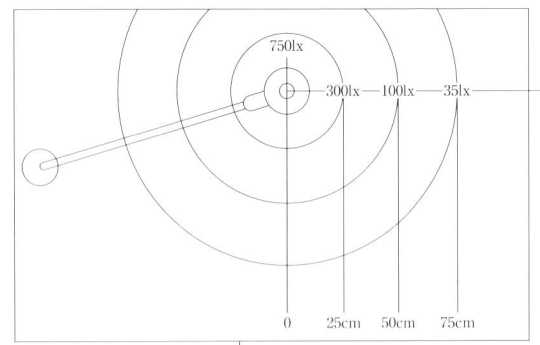

ます。

　器具はタングステンフィラメント電球が多く、ハロゲン電球を使用した高ワットのものは、部屋全般の照度確保も可能です。このような間接の光にリフレクター形スタンド器具を併用すれば、りっぱなタスクアンビエント照明になります。

ワイヤー取付け照明器具

　ワイヤー取付け器具はライティングダクトが発展したデザインとして、世界的に注目されています。日本でも10年以上前にメーカー各社がこぞって発表しましたが、関心があまり得られず、爆発的なヒットとにはいたりませんでした。このシステムは2本の電線に12Vを通電し、そこから12V用電球を点灯する照明器具で、もとはドイツのインゴ・マーラーという建築家が考案したものです。

　使われる器具は、おもにスポットライトから小型のグローブ器具、シェードタイプがあります。中空に浮かぶ小さな輝きは美しく、とくに天井高のある空間でメンテナンス可能な位置に配灯すると、効果的です。

　ここまでは取りはずしや移動が容易な照明器具を紹介しましたが、次に建築段階で造りつける施設型照明器具について説明します。この種の照明器具には、ダウンライト、床埋設器具、建築化照明用器具などがあ

リフレクター形スタンド器具　ランプ高40cm、内面白色塗装の金属セード、小型クリプトン電球60W使用。シェード形に比べ光の広がりは弱いが、直下付近の照度の高いことがわかる。リフレクター形スタンド器具の多くはアーム付きで、灯体の高さや方向が変えられるため、書斎や子供の勉強机、キッチンの作業台など局部的に高照度を得たい場合に適している。なお、反射鏡付きを選ぶと、さらに照度が高まる。

照明[あかり]の設計

ります。すべてを大きく括って建築化照明という言い方もできるのですが、照明メーカー各社のカタログではこれらの器具を別のものとして扱っていますので、この本でもそれに従いました。

ダウンライト……
配光データなしでは選べない

　一般には、小さな開口径の天井埋込み器具を、ダウンライトといいます。

　1920年代にアメリカで開発されたらしく、初期のものは缶のような器の中にランプを入れた簡単な構造で、器具自体は天井に埋め込まれているものの、開口部が光ってまぶしかったようです。自動車のヘッドライトのイメージともいわれています。その後、アメリカの照明コンサルタントであるリチャード・ケリーによって黒塗装反射板が考案され、まぶしさが徐々になくなっていきました。1950年代にはアルミ製の反射鏡が使われ、まぶしさのカットと同時に器具効率を高めました。1970年代に入ると、高度な光学技術とコンピュータによって反射鏡の曲面が設計され、さらにミラーの新しい仕上げ方法の確立によって建築空間が求める照明演出への対応が年々高まり、今日に至っています。

　このコンピュータ設計による反射鏡付きダウンライト器具が使われた空間を初めて見たときのことを、私はいまでもよく覚えています。それは白い仕上げの天井面にダウンライト開口部の輝度が不思議にとけこんで、点灯されているにも関わらず器具がまったく目立っていないことに驚きを感じました。煌々と明るい照明がきらわれたオイルショックという時代背景もあって、この種のダウンライト器具は、その後めざましい普及を見せたのです。

　ダウンライトといわれている器具の開口径は、小さいもので直径50mm以下、大きいものでは400mmを超え

用途	全般照明用			
器種	ダブルコーン	シングルコーン	反射鏡＋バッフル	乳白カバー
特徴	器具効率が高い。白色塗装電球、小型クリプトン電球、コンパクト型蛍光ランプ用が主流。一般天井高であれば、2～3mピッチに配灯するとよい。	反射形、PAR型電球用が多い。PAR型電球用は高天井向き。	小型クリプトン・ハロゲン電球用が多い。バッフルは白と黒があり、白は白い天井に溶け込み黒はまぶしい光がよりカットされる。	器具効率は低い。光はやわらかいため目にやさしい。防湿型はバスルーム、洗面室に適。トリム（枠）が木製だと和室向き。

るものもあります。もしも普通の天井高の住空間で、全般照明用として複数灯を使うのであれば、私の経験上、直径130mm以下が適切かと思われます。開口径の型紙をつくって天井に貼り、その大きさの確認をしてみるとよいでしょう。

　ダウンライトには白熱電球用が多いのですが、開口径が少し大きくなればコンパクト型蛍光ランプ用や小型HIDランプ用もあります。効率のよいランプを使うと照度も得られやすくなるため、店舗や公共施設などでも活用されています。

　ダウンライトは器具の存在をあまり感じさせることなく、空間全般に平均的な明るさを表現したり、スポット的な光で装飾的な対象物をドラマチックに浮かび上がらせたりすることが可能です。他にも壁面全般をより均一に光らせるウォールウォッシャーもあり、使い慣れるとダウンライト器具だけでも多彩な空間演出を可能にします。そのためか住宅会社の中に、ダウンライト器具の使用を強くすすめているところもあるほどです。

ダウンライト　全般照明用の器具で重要なポイントは、まぶしさがなく、器具効率の高いこと。このような器具を高効率グレアレス器具と呼び、反射鏡の形状でいうとダブルコーンがそれに入る。投光照明用は図表以外にダウンスポット、アイボールなどとメーカーによっていろいろな呼び名があり、灯体がスポットライト器具になっていて、それが天井に埋め込まれる。照射範囲とは、灯体が器具内に収納されているときの首振り角度のことで、器種によって若干のばらつきはある。さらに灯体が器具から完全に引き出されるタイプ（ユニバーサルの一部）は、照射範囲が図表にかかれている45度よりも広くなる。壁面照射用には、反射鏡の形状で光を壁面方向にコントロールするタイプと、投光用ランプとレンズの併合で制御するものがあるが、後者は比較的天井高のある空間に使用される。ダウンライトの選定には配光データをしっかり読むことと、開口部の大きさ、開口部の見えがかりの検討、取付け上の問題として埋込み寸法、断熱または高気密施工用か、などのチェックが必要。

照明[あかり]の設計

投光照明用		壁面照明用
アジャスタブル	ユニバーサル	ウォールウォッシャ
スポットライト器具が完全に内蔵され通常視線で見えない。照射範囲は0～30°が一般的。観葉植物、オブジェ、食卓の照明に適。	スポットライト器具の一部が通常視線で見えてしまう。照射範囲は0～45°が一般的。タペストリー、絵画、オブジェの照明に適。	壁面を光で洗い流すよう明るくより均一に照明。空間に高級感や奥行を表現したいときにすすめられる。

ダブルコーンダウンライトの照明
等間隔に配灯することで、均斉度の高い水平面照度を得る。また壁際に配灯することで壁やカーテンに光のパターンを映すことも可能。器具の開口面が鏡面のため少し冷たい印象を受けるが、一般にグレアレスで器具効率が高いことから住宅の全般照明にも多く使用されている。ドイツ・フランクフルトのバートフィベル住宅展示場。

　一方、ダウンライトはカタログ写真だけを見ても光の効果がわからないため、インテリアコーディネーターにとって選定が難しい器種のひとつといえます。事実、ダウンライトの選定についていろいろな疑問やクレームの経験をもっている人も少なくありません。たとえば、

「取り付け位置が天井裏の野縁にあたってしまい、結局、そこを避けて配灯したら思うような効果が出なかった」

「ダウンライトを1.5mピッチで付けたら、天井が穴ぼこだらけで感じ悪いと施主に言われた」

「ソファの上に配灯してしまったため、座っていた人の頭に熱感が生じて不快であると言われた」

「部屋の広さに対して、どのダウンライトを何灯付けたらよいのだろうか」

「バッフル、コーン、ユニバーサル、アジャスタブルといくつかのタイプがあるようだが、どのように使い分けたらよいのか」

　などなど。

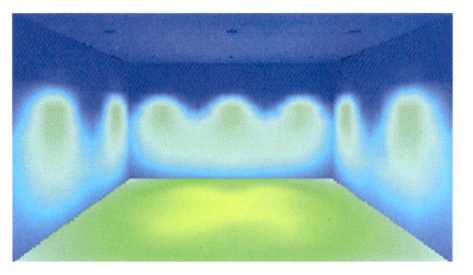

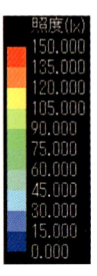

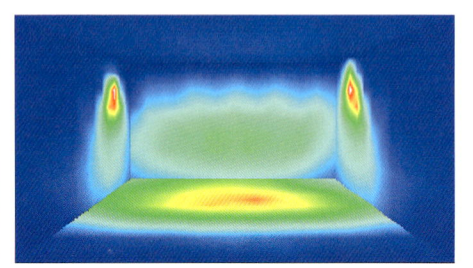

ダウンライト器具の照度分布　6m（間口）×3m（奥行）×2.4m（天井高）の部屋でダブルコーンのダウンライト＜上＞とウォールウォッシャダウンライト＜下＞の配灯で照度分布がどのような状況になっているかをシミュレーションした。この分布から、この部屋がリビングルームであれば、上は壁際にソファを、床の明るい部分にリビングテーブルを置くと団欒にふさわしい雰囲気が高まる。もしコーナーに少し背の高い観葉植物があればそれをライトアップすることで空間が生き生きしてくる。下は明るい壁の部分に絵を飾るか、全面がカーテンかブラインドの場合などに有効である。ソファやテーブルは手前の暗い部分に配置すると、明るい舞台を暗い客席で見ているような落ち着いた雰囲気にひたることができる。さらにソファやテーブルだけが明るくなるようにアームスタンド器具をソファの横に置けば、簡単な読書も可能になる。

　たかがダウンライトといえども、照明効果を深く考えている人にとって、おろそかにできない重要な器具といえます。

　全般照明用は反射鏡（一般に円錐形に似た形状をしているためコーンといわれています）や**反射鏡付きバッフル型**が推奨できます。器具は通常の天井高であれば、光の拡がりにもよりますが、2.0～3.0mピッチで床面に対して平均的な水平面照度が確保できます。正確に求めるには、配光データの載っているカタログの最大器具間隔値を見て、計算する必要があります。たとえば、最大器具間隔値が1.0Hと出ていれば、Hは光源と作業面の距離ですから、作業面が床面で天井高が2.4mなら、2.4×1.0＝2.4なので、2.4mピッチ以内で配灯すれば、床面に均斉度の高い照度が得られることになります。

　ダウンライト器具は外見が似ていてランプの種類とワット数が同じであれば、どれでも同じような照明効果や明るさが得られると思われがちですが、反射鏡やレンズの性能によってかなりの差が出ます。したがっ

ウォールウォッシャ 二重の反射鏡構造を持つウォールウォッシャ器具は、一般的な住宅の天井高であれば、壁から80cm前後離して、その距離と同じくらいの器具間隔で配灯することで、壁面が均一で明るく照明される。照明効果を高めるためには、壁はできるだけ高級な素材で明るく光沢のない仕上げであるべきで、さらに周辺照度を控えめにすれば、その効果は顕著に出る。パリ・ルーブル美術館。

て詳しいデータがなければ、私たちでも選ぶことはむずかしいのです。

　たとえば反射鏡付き器具といっても、器具効率（ランプの全光束に対して、そのランプが器具から放射される光束量の割合）が倍近く違うものもあります。反射鏡が付いていなければ、器具効率はもっと悪くなります。したがって本来1灯ですむところを、データがないために2灯、3灯と多めに選んでしまったり、その逆もあり得るわけです。

　一般のダウンライトが床面や机上面を中心に水平面の明るさを確保するのに対して、同じ天井埋め込み型で、壁面を光で洗い流したようにより均一に明るくする、**ウォールウォッシャ**という照明器具があります。器具は反射鏡の曲面が特別に設計されたもので、壁からの距離と器具間隔を計算することで、おもに壁面が明るく輝きます（全般照明用のダウンライトでも壁際に配灯することで壁面を広く明るく見せることは可能です）。

　なぜ床面ではなく壁面を明るくする手法に関心がもたれるようになったのでしょうか。それは他の動物と違って、人間の正常視線で最も目に入る面は、鉛直面（地面に対して垂直な面）だからです。つまり室内であれば、床に対して垂直な壁面が鉛直面となり、ここを照明することで空間を明るく見せたり、奥行きを感じとらせることができるのです。

　ウォールウォッシャ効果を最大限に発揮するためには、壁面がマット状で明るい仕上げであるほど有効です。さらに、低天井から急に高天井に変わる空間で、高さと広さをもつ壁面ほど、条件がよくなります。

　簡単な実験で確認してみたところ、明るい仕上げの壁面で照度が周辺より3倍くらいあると壁面が目立ちはじめ、10倍でそこが浮き上がって見え、100倍以上になると壁自体があたかも発光しているように見せる

こともできます。したがって、ウォールウォッシャ効果を高めるには、あまり部屋全般を明るくしないことです。また、光沢のある壁面では器具が映り込み、逆に安っぽい結果に終わることもあるため、器具が映り込まない方向から照明するように注意しなければなりません。

　水平面照度を高める照明は、どちらかといえばオフィスのように生産に必要な照明の考え方といわれています。作業のための照明は、机上の水平面照度の確保が重要です。ところが住宅はオフィスと空間機能が異なるため、今日では水平面だけではなく、空間の雰囲気や明るさ感に影響する壁面という鉛直面照明が注目され、その効果が徐々に認められるようになってきたのです。

　スポットライト機能をもつダウンライトには、アジャスタブルダウンライト、ユニバーサル、ダウンライトスポット、アイボールなどの器種があります。埋め込み器具でありながら、光の照射角度が自由に変えられるのが、これらの器種の特徴です。

　一般に**アジャスタブル**は直下から30度くらいの照射角度調整しかできないため、ユニバーサルなどと比べて照射範囲上の制約を受けますが、その反面スポットライト部が器具の奥に収納されているので、通常の視点でランプやその構造が見えにくく、すっきりした天井面に仕上がります。そのなかでもローボルトハロゲン電球は、器具が小型でスポット効果が高いので、ドラマチックな空間表現が期待できます。

　最近の住宅では天井に断熱材が使われているため、断熱遮音施工用ダウンライトを使用するよう指導されることが多くなっています。これらのダウンライト器具は**S型**といい、断熱材を覆って施工できるので便利です。しかし器具は、放熱のために同じワット数だと

一般型ダウンライトと比べて開口径が大きくなったり、光源自体が天井面の近い位置に付けられるために通常視線でランプが見えやすくなるなど、見た目にこだわる人にとってはやや問題があります。

また、Ｓ型は全般照明用が主流で、いまのところアジャスタブルなどの演出用は選べません。そのため断熱施工天井にＳ型ではないダウンライト器具を選ぶ場合は、断熱材を一部切って施工するようになります。一般にはそのようなめんどうな工事をいやがるため、Ｓ型ダウンライトでも照明効果を少しでも高めるように配灯デザインを変えるなどの工夫を、私たちは考えます。

ダウンライト器具はいったん天井に穴を開けてしまうと、後からそれがいやになったからといってもやり直しが困難です。そのためダウンライト主体の照明設計は、照度やグレア、器具の開口径からくる外観上の見え方などを、慎重に検討した上で実施しなければなりません。

床埋設器具……非日常的な光を放つ

これは床に埋め込んで使用するもので、おもに壁や柱の照明に用途があります。屋内用ではまだ種類が少なく、したがって住宅で使用されることは、今のところまれです。日常の天井方向から降ってくる光と違って床からわき上がってくるため、照明効果としては斬新で人の目を引きます。

私は機会があれば、このような器具を住宅でも使いますが、より効果を発揮するために、何をどのように照らすか、いろいろとアイデアを練ります。

建築化照明用器具

もう30年ほど前、1970年代のことになりますが、初めてアメリカ西海岸へ照明の視察旅行にでかけたとき

のことです。おもにショッピングセンターを中心に見学してきましたが、そこで見た建築はいずれも規模が大きく、ダイナミックなデザインに強く魅かれたことを覚えています。なかでも驚いたのは、そのスケールをより強調するために、天井や壁面を明るくする建築化照明が積極的に使われていたことです。

　建築化照明とはランプや照明器具を建築軀体内に隠して天井や壁、床面などを照明する方式です。ここで使われる照明器具は直接見えないため、多くはランプ主体の簡単な構造のものです。一般の器具を使うこともありますが、建築化照明専用に開発された器具を使うほうがいろいろと利点があります。

　さて、建築化照明には、大きく3つの照明方式があります。天井面を明るくするコーブ照明、壁面に対するコーニス照明、そしてその2つの光を兼ね備えた**バランス照明**です。いずれの方式にしろ、器具の大半が固定取り付けとなりますから、取り付け後に、照明効果が出ていないとか、気に入らないとかいって簡単に変更することができません。したがって間違いなく効果が出るという確信を持って設計を進めることが、この方式を採用する前提となります。

　コーブ照明は天井面を明るくする照明で、建築化照明を代表する方式といえます。もともと屋内空間の天井を空のようなイメージにしたいという願望から生まれたらしく、したがって無窓または窓の存在が目立たない部屋に、この照明はすすめられます。また、それとは別に天井が装飾的にデザインされている部屋でもコーブ照明は興味深い効果が期待できます。

　街全体がディズニーランド化しているラスベガスのテーマホテル・シーザースパレスに隣接して、古代ローマの街並みを模したフォーラムショップスという興味深い屋内空間があります。通路を挟んで高級専門店

下／**床埋設型器具**は建築化照明の一種になる。床に十分な埋め込みスペースが必要で、床の掃除を考えると防水型の器具を選ぶほうがよい。さらに歩行するところではつまずかないように床から器具の枠が出っ張っていないものを選ぶ。写真は階段のスリットからもれる光のパターンを演出するため12V35Wのダイクロイックミラー付きハロゲン電球用床埋設器具を使用。視点によってはまぶしさの問題もあるので、グレアカットのルーバが装着されている。建築設計／妹尾正治建築事務所。

照明[あかり]の設計

左／**ワイヤー照明用器具**　一般に2〜3m前後の高さに2本のワイヤーを張り、空中に吊り下がるようにして12V用のハロゲン電球器具が付いている。あたかも中空に光が浮いているようで、天井高さのある空間に効果が発揮されやすい。この照明システムのオリジナルはインゴ・マウラのデザインによる。単に装飾効果の目的にだけで使われるのではなく、照度の確保も可能で空間用途も広い。デンマーク・コペンハーゲン郊外のルイジアナ美術館。

コーブ照明の効果実験　遮光板にスリットを入れ、それをデザインすることで今までにない照明効果を求める実験。

が並んでいるのですが、その通路上の天井にはまるで屋外のように空と雲が描かれています。そして、この天井を調光・調色されたハロゲン電球の投光器で、朝から夜までの外光を人工的につくりだして照明しているのです。

1日の光の変化を1時間単位で再現していますが、まるで外にいるような錯覚を覚えるほどで、昼間のシーンでは床面照度でおよそ50lxほどなのに、とてもそのような暗さを感じない効果が不思議です。

コーブ照明では、おもに天井面をより均斉度の高い明るさにする場合と、天井面の輪郭を明るく強調できればよいとする場合とがあります。フォーラムショップスのように、細長い通路でしかもヴォールト天井のような建築ではより均一な明るさが得られやすいことから、ほとんどが前者のような表現になります。しかし、天井高が低い住宅では光源と天井面との距離が十分にとれないため、天井面を均一に照明することはむずかしく、どうしても後者のような照明効果が多くなってしまいます。

コーブ照明の次によく見かける建築化照明に、**コーニス照明**があります。

これは、天井と壁に接する部分に光源を内蔵させて、おもに壁面やカーテンを明るくする照明です。旅客機内のように狭い空間でも、壁面を明るくすることで空間に拡がりが生まれ、緊張感がほぐれます。しかし一方で、コーブ照明に比べて照度は得られやすいものの、内蔵したランプや照明器具が生活視点で見えやすく、そのことで空間の雰囲気を台無しにしてしまうという欠点が、コーニス照明にはあります。

建築化照明で、ランプが見えてしまうことほど興ざめなことはありません。そのため、考えられる生活視点でランプが直接見えないように、遮光板の高さを調

整したり、ルーバや乳白カバーを付けたりして対応します。その結果、遮光板が大きくなりすぎて美的でなくなったり、ルーバやカバーを付けることで、コストアップや照明効率の低下といった問題に直面することもあります。

建築化照明専用に開発された器具には、20Wや40Wの直管型蛍光ランプ、コンパクト型蛍光ランプ、省エネルギー照明用のHf蛍光ランプ（高周波インバータ専用器具）を連結できるものがあります。これらの器具はランプを連続的に配灯することでランプ間の隙間を埋め、光ムラのない美しい間接照明効果を実現します。器具の構造はきわめて簡単で、ランプと安定器、ソケット、反射板といった部品になります。

一般的に住宅で建築化照明を考える場合、連結機能を持たない器具がしばしば選ばれます。蛍光灯では、トラフ型という直管型を連続して配灯する場合が、そのような例になります。これは連結型の建築化照明用器具に比べて照度ムラが多少でる心配もありますが、安価ですむことが魅力です。蛍光ランプの直管型20Wと40Wは輝度がほぼ同じなので、これらのランプが組み合わされても、照明効果的に違和感はありません。

ところが、建築化照明をしたい部分の長さを計算して、器具間で隙間が生じないようにうまく連結できればよいのですが、これがトラフ型器具では思うようにいかないこともあります。たとえば、6mの長さの天井をコープ照明する場合、トラフ型蛍光灯の長さは40Wが1240㎜、20Wが620㎜ですので、一直線上に並べるには40W 5灯では6mを超えてしまい、40W 4灯と20W 1灯では合わせて約5.6mで40㎝ほどの隙間が生じてしまいます。一方、建築化照明用器具を使えば、40W 5灯の連結が難なくできるので便利です。

建築化照明器具には、40Wの小型クリプトン電球を

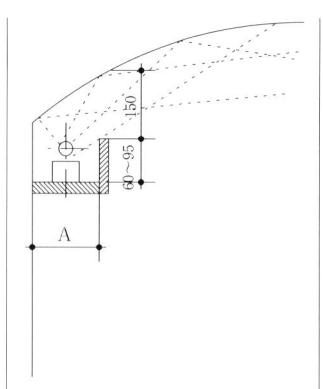

コープ照明

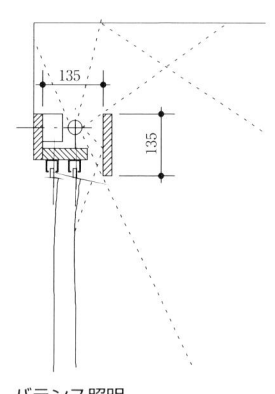

バランス照明
（カーテン照明）

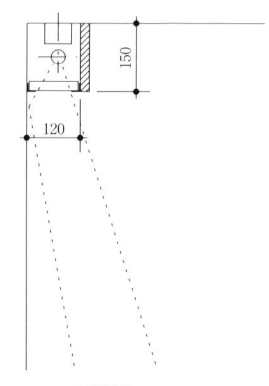

コーニス照明

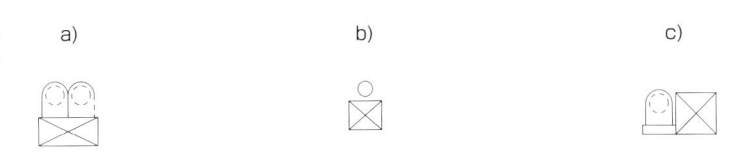

a) 連結用蛍光灯　　　　b) 細管連結用蛍光灯　　　　c) 薄型連結用蛍光灯

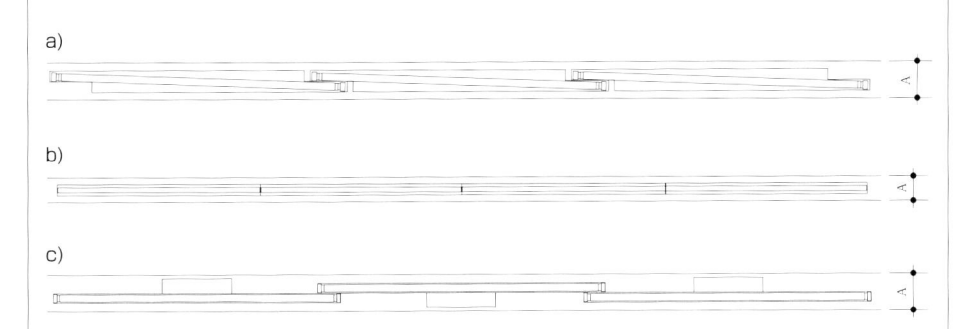

a)

b)

c)

建築化照明と連結器具　天井面や壁面をより均一に明るく見せる建築化照明器具は、一般にランプを連続的に配灯したものが使われる。ランプは天井および壁面に接近して配灯されるため、輻射熱の影響が少ない蛍光灯か40W以下の電球が使用される。空間にある程度の照度を得ようとするのであれば蛍光灯がよく、おもにトラフ器具という最も安価な蛍光ランプ露出器具か、図中のa、b、cのいずれかの連結器具によって実施される。安価な露出器具の場合、照射面に照度むらが生じる恐れがあるのと、長さの調整がaやcのようにうまくいかないこともあり、そこでワット数の違うランプ器具で調整することが多い。普通20Wと40Wを組み合わせるが、ランプ寿命が異なるので寿命末期に照射面に光むらが起こることも考えられる。

約20cmピッチ前後の間隔で連結したものなど、白熱電球用もあります。蛍光ランプと違って高照度を得る照明には適しませんが、調光が簡単にできたり、より家庭的な雰囲気も得られといった長所もあるので、そのような照明を求めているのであれば推奨できる器具といえます。

屋外の照明

庭やテラス、外玄関、玄関アプローチなどは屋外用の器具選定が必要になります。器具はおもに取り付け高さで分類できますが、床に埋め込む器具をバリードライトといい、地面に差し込むタイプでポールの高さがおよそ1m以内を低位置型、それより高く4mくらいまでの器具をローポールといいます。

住宅の庭では低位置型が使いやすく、普及しています。花壇や低木の中に入れたり、またアプローチの照明としても効果があります。リゾートホテルで外構の照明設計をおこなうときなど、低位置型器具ぬきでの設計は考えられないくらいです。

屋外用器具は、構造的に防水型でなければなりません。住宅用器具は防雨型であればほとんど問題ありませんが、使用環境が厳しいと、結露対策、防塵性、耐衝撃性、耐食性などが求められ、強靱につくられていなければなりません。選ぶ側が器具のデザインだけを気にして、その点に関心を持たなかったために、1〜2年で器具がだめになったという話も聞いています。このような強靱さのデータを、カタログで紹介しているメーカーもあります。

いま住宅屋外用の器具は、コンパクト型蛍光ランプと12Vハロゲン電球用とが、主流の座をねらう勢いがあり、器具はますます安全で小型化されています。さらに光は拡散光からスポット光まで幅広く選べるようになり、暗闇というキャンバスに光で絵を描くために必要な道具が、徐々にそろい始めています。

庭園用照明　軒下に取り付けて庭を照明する器具は防滴型でよいが、それ以外は基本的に防雨型、防雨防滴型器具でなければならない。ポール型器具は灯体位置の高さによって分類されることがあり、一般に地面から1m以下を低位置型といい、低木・花壇・アプローチの照明に適している。1〜4mは低ポールといい、庭の全般照明に適する。いずれもポールの高さの3〜10倍くらいの器具間隔で取り付けるとバランスがよい。光の効果で分類すると拡散照明向きとスポット照明用に大別されるが、前者は器具が光るため、その存在が目立ちやすい。したがってこの種の器具は単体で広い面をおぼろげに照らしたり、広めの庭に複数灯使用して配灯デザインによって輝きの効果を楽しむことにむいている。後者の器具は景色が明るく浮かび上がるため、光のデザインによって陰影効果を楽しむのによい。

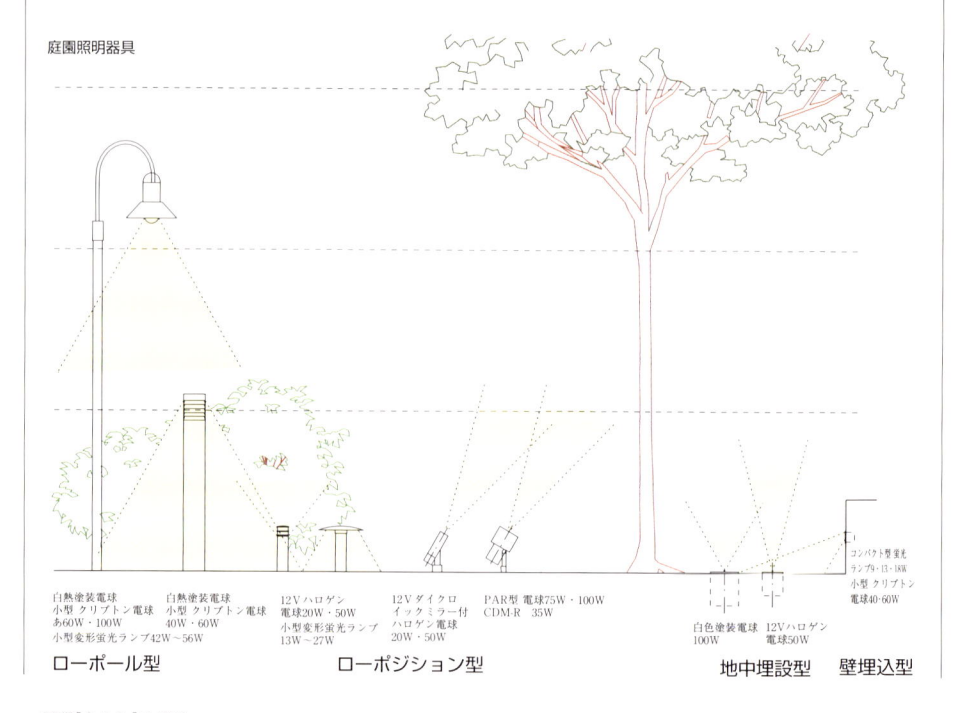

庭園照明器具

| ローポール型 | ローポジション型 | | | | 地中埋設型 | 壁埋込型 |

白熱塗装電球
小型クリプトン電球
あ60W・100W
小型変形蛍光ランプ42W〜56W

白熱塗装電球
小型クリプトン電球
40W・60W

12Vハロゲン
電球20W・50W
小型変形蛍光ランプ
13W〜27W

12Vダイクロ
イックミラー付
ハロゲン電球
20W・50W

PAR型 電球75W・100W
CDM-R　35W

白色塗装電球
100W

12Vハロゲン
電球50W

コンパクト型蛍光
ランプ・13・18W
小型クリプトン
電球40・60W

照明［あかり］の設計

調光とセンサ……
どこまで可能か照明のオートマティック

　フランスのリヨンにオペラ座があります。その建物の景観照明のユニークさが注目されています。照明設計はヤン・ケルサレというフランスのライティングアーティストです。何がユニークかというと、屋上がガラスのドームになっていて、それが照明で赤く光るのですが、その光り方はオペラを見ている観客の数によって変わる仕組みになっているのです。劇場への入場の際に観客の人数をカウントして、その入場者数が多いほど、赤の色合いが自動的に濃くなるように働くとのことです。

　このように最近は人の動きのみならず、風の強さや

上／**屋外のライトアップ**　住宅の庭で樹木などをライトアップで演出効果を高めるには、12V用ダイクロイックミラー付きハロゲン電球器具が好ましいが、全般照明や明け方まで常時点灯の必要なところは、ランプ寿命や電気代などを考慮すると、コンパクト蛍光ランプ用の小型器具がすすめられる。また、写真のように広場で樹木照明を行なう場合、木の大きさや数によってはHIDランプ用投光器が使用されることがある。フランス・カンヌの映画祭会場広場。

右／**主張する光**　センサーと調光器を駆使して、オペラ座の屋根を意味ある照明にしている。21世紀は調光とセンサーによる光制御の時代ともいわれているが、いろいろな組み合わせによって、効果的かつ経済的な光の制御が求められる。フランス・リヨンのオペラ座、ヤン・ケルサレのデザイン。

車の騒音、車の通過量などに応じて照明の色や明るさ、光のパターンが自動的に変わる演出が少しずつ増えています。住宅照明でも、人感センサともいわれる赤外線センサと自動点滅器を組み込んだ器具が、おもに玄関のポーチ灯に普及しつつあります。これは外が暗くなると明かりがともり、さらに人が玄関に近づくとより明るさを増し、離れるとまた薄暗くなり、明け方に空が明るくなり始めれば自動的に消灯する、という優れものです。

しかし使い方によっては、あまり意味のないこともあります。歩道に面した家の玄関にセンサ付き器具を付けても、その前を通行する人が通るたびにセンサが働いて、無意味な点滅を繰り返してしまいます。

センサにはこの他に照度センサや近接センサなどがありますが、この種のものはその特性をよく理解してから導入することが大切です。

照明器具の点滅調光はセンサ以外にリモコンでおこなうことができます。とくに身体にハンディキャップをもっている人や高齢者にとって、リモコンは便利ですが、テレビやオーディオなどにもリモコンは使われており、部屋の中にリモコンが増えるとその管理がたいへんです。

ひとごろ、調光器が日本の住宅に普及しました。それは簡単な操作によって白熱灯の明るさが自由に変わるという、おもしろさが受けたにちがいありません。たしかムード照明などといわれる言葉がはやったころだと思いますが、十分に活用されないまま、つかのまのブームに終わった感があります。

なぜ調光器は日本の住宅照明に根づかなかったのでしょうか。その理由は、日本人の明るさ好きにあるような気がします。当時は1室1灯の時代でしたから、調光器を使用するとただ部屋全体が暗くなるだけで、雰囲気がドラマチックに変わるという、本来の調光器

を使うことのメリットが得られなかったからだと思います。

　その調光器が最近、再び注目されるようになってきました。それは、空間の有効利用からひとつのスペースを多目的に活用するケースが増えていることや、省エネルギーへの関心の高まり、そして十数年前とは明らかに生活スタイルが変わって、1室多灯で演出する傾向が増えてきたことに起因しています。今日の住空間は、部屋の利用状況に応じたさまざまな照明効果が求められ、以前のように手動でただ明るさが変わるような調光では、十分な満足が得られなくなっていることも事実だと思います。

　そこで注目されているのが、シーン記憶調光とかプログラム調光といわれる、コンピュータ内蔵の装置です。この装置は、たとえば1室多灯照明の場合、点滅回路分けをあらかじめ計画しておけば、各回路の点滅調光によって数パターンの照明シーンを記憶して、簡単に再生できます。現在市販されているものでは、簡易タイプでも4回路4シーン記憶型や6回路4シーン記憶型などがあり、住宅での応用が期待されています。

　住空間での調光導入は、ダイニング・リビングルームでの利用が一番すすめられます。たとえば朝食から夕食、深夜までの飲食はそれぞれの場面にふさわしい照明シーンがあってもよく、それをあらかじめプログラム調光器に記憶しておけば、あとはリモコンスイッチの操作だけで、必要な照明シーンを再現させることができます。

　現在市販されている家庭向きのプログラム調光器は、配線工事をともなうため、新築や改装時にのみ設置が可能です。1回路あたりの負荷容量が決まっているので、たとえば全般照明用のダウンライトがあり、それを一括で調光したい場合、負荷容量を越えないように、ダウンライトの選定と灯数を考えなければなりません。

私も何度かプログラム調光器を住宅の照明設計にスペックしたことがありますが、設計する際に全般照明用の器具と、天井面が間接的に光る器具、器具自体が光るもの、ニッチの照明などを別々に回路分けします。これらの組合せ調光で、部屋の雰囲気は無限に、そして興味深く変化します。

　最近、蛍光ランプの連続調光も、調光用インバータの開発によって、白熱電球ほどではありませんが、簡単にできるようになりました。インバータ調光は周波数制御によって明るさを変化させるものですが、1台のインバータで蛍光ランプ40W10数灯を一括調光できる多灯用もあり、50㎡以下の小規模店舗で効力が発揮されます。蛍光灯の場合、昼白色と電球色など異なるランプ光色を別回路にして使えば、調光器は単に明るさを変えるだけではなく、光色をも変える調色器にもなり得ます。

　また、このシステムに照度センサを接続することで、さらに効果的な調光もできます。たとえば、照度が500lx必要な場合、経年によるランプの明るさ低下を考慮して、初期照度で700～800lx程度が得られるように灯数を計算します。そのために初期は基準値より20～30％ほど高い照度でスタートすることになり、電力費もその分よけいにかかることになります。ところが連続調光器に照度センサを接続して、初めは20～30％照度を落とした状態で500lxになるように調光装置を設定・稼動させれば、経年で照度が低下しても照度センサが500lxを維持するように働くので、常時一定の明るさが保たれるのです。そればかりか、初期照度が低めに抑えられる分、省エネルギーにも貢献します。

　以前、アメリカの調光装置メーカーのシミュレーションルームで、コンピュータ内蔵のプログラム調光器によって、部屋の雰囲気が刻々と変化していく様子を

体験しました。そこは、照度センサや自動点滅器との併用による調光のデモンストレーションルームで、調光器導入によるコストパフォーマンスについても分かりやすく紹介されていました。アメリカでも調光器の一般家庭への普及はまだこれからだといわれていますが、普及のための努力は想像以上です。その会社は研究開発に前向きで商品バリエーションも多く、施主やクライアントが空間の活用状況に応じて、幅広い選択ができるようになっています。

　現在の点滅スイッチは20世紀のもので、21世紀はすべて調光によるスイッチに変わるだろうという予測がありますが、私も間違いなくその時がくると思っています。さらにパソコンとインターネットによって、他の場所の明るさを管理・コントロールできる遠隔操作も可能になっています。今後、日本での調光システムの普及も時間の問題だと思います。

第Ⅲ部
照明の空間設計

第5章
照明設計の流れ

仕事の70%は基本設計で決まる

　私たち照明コンサルタントの仕事の多くは、建築設計の流れにそって、建築家や設備設計者、インテリアデザイナーらとの共同作業となります。照明設計は、建築の基本構想または基本設計のかなり早い段階から参加することが望まれますが、建築が着工してから設計の依頼を受けることもときにあります。

　設計依頼を受けて最初におこなうことは、クライアントから対象空間に対する概要の説明を聞くことです。住宅の場合、クライアントは建築家や住宅会社などになりますが、まれに施主からじかに依頼されることもあります。

　私たちが照明設計を依頼された場合、住宅において

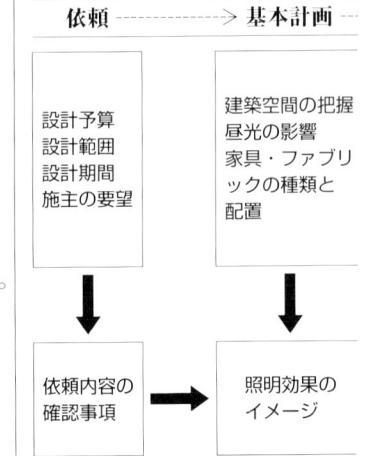

依頼	→	基本計画
設計予算 設計範囲 設計期間 施主の要望		建築空間の把握 昼光の影響 家具・ファブリックの種類と配置
↓		↓
依頼内容の 確認事項	→	照明効果の イメージ

も報酬は有料です。しかしインテリアコーディネーターが住宅の照明設計をおこなう場合、日本の現状では、まだ無料奉仕が多いといえます。欧米でもインテリアデザイナーやデコレーターが住宅の照明に関して設計料をもらえる仕事は少ないそうですが、施主の設計料に関する理解や認識は日本ほど低くはないようです。

ずいぶん前の話になりますが、サンフランシスコのインテリアデザイナーが日本で住宅のプロジェクトをおこなったとき、照明の設計図を見せてもらったのですが、インテリアデザイナーといっても日本の照明設計者顔負けの内容だったことに驚きを覚えました。仮に照明設計を別の専門家に依頼しているとしても、照明設計料がとれる仕事というのはこのようなことなのかと、あらためて感心しました。そして実際に竣工した現場も見ましたが、家具やファブリック、インテリアエレメントが照明で美しく光り、ほどよい明暗コントラストも私にとって心落ち着く雰囲気に感じられました。

設計業務の着手にあたっては、まず設計契約を交わします。設計に関するスケジュールや設計範囲、成果品などから設計料の見積りをおこなうわけです。照明

照明設計の流れ 住宅照明は厳密にいえば、図のような流れで進められるべきだが、現実には設計料や設計期間の制約などによって一部の内容をカットし、簡略的に処理してしまうこともある。設計範囲のうち、基本設計までがとくに重要で、この段階で施主の合意が得られれば、仕事のほぼ70%は終えたと考えられる。

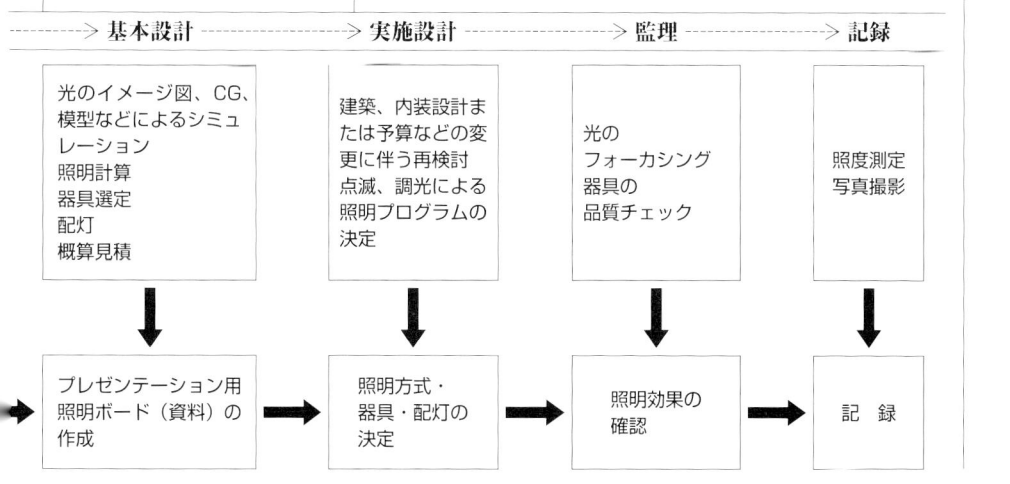

---→ 基本設計 ---------→ 実施設計 ---------→ 監理 ---------→ 記録

基本設計	実施設計	監理	記録
光のイメージ図、CG、模型などによるシミュレーション 照明計算 器具選定 配灯 概算見積	建築、内装設計または予算などの変更に伴う再検討 点滅、調光による照明プログラムの決定	光のフォーカシング 器具の品質チェック	照度測定 写真撮影
↓	↓	↓	↓
プレゼンテーション用照明ボード（資料）の作成	照明方式・器具・配灯の決定	照明効果の確認	記　録

設計料の算出方法は照明設計事務所によってまちまちだと思いますが、

　　設計料(実費別)＝(人件費＋経費)×利益

　という計算式が基本になると思います。

　契約が終わったら、住宅の場合、まず平面図や断面図、展開図、家具配置図などの家の建築に関する情報を受け取って、建築やインテリアデザインを理解します。図面では理解しにくい空間のスケールや生活感を実感するには、クライアントや施主にインタビューして探り、希望する照明があればそれを聞き出します。仕事の内容によっては、現地調査もおこないます。住宅会社に属しているインテリアコーディネーターは、営業の人が間に入っていることから直接施主と話をする機会が少ないと思いますが、その場合でも、間接的に生活者に関する情報が得られるようにしてイメージを高めることが望まれます。

イメージのヴィジュアル化

　照明のイメージが煮詰まったら、イメージをヴィジュアル化します。その方法として次の4つの手法があります。いずれの方法をとるかは、そのプレゼンテーションにかけられる費用と時間の問題です。

①光のイメージ図およびイメージ写真

　一戸建て住宅ではできるだけ設計費用をかけないでおこなうために、普通は照明カタログから選定した照明器具の実例写真をイメージに使ったり、それを器具写真と一緒にして簡単な器具配灯図にレイアウトします。このような内容を大きな厚紙に貼ったものを照明ボードといい、住宅照明のプレゼンテーションによく使用されます。この作業は、慣れた人なら家1軒分を半日あればできるそうです。

　しかし、それだけで照明効果まで説明できるかは疑問です。そこで、できれば主要な空間だけでも展開図

右上2点／CGによる照明シミュレーション　照明効果は、実際に空間ができるまで確実にはわからない。照明効果を設計の段階で視覚的に表現できると施主やクライアントに説明しやすい。このようなものを視覚的デザインツールという。CGもそのひとつで、市販されている照明ソフトは操作性や内容が年々よくなっており、価格面でも魅力的である。

右下3点／模型による照明シミュレーション　光は3次元のメディアと考えると模型の精度にもよるが光のイメージ図やCGよりもリアリティが高い。3枚の写真の上は昼光の入り具合をみる。中は天井高さのある部屋でのコーブ照明。天井高さが強調されていて効果的である。下はインテリアを少し変えて、ちがった角度から見た例。このような模型がひとつあることで施主の照明に対する見方が変わるきっかけになればと思う。

下／照明ボード　家具配置図に器具を配灯し、選んだ器具の写真や型番、価格、仕様などの情報をカタログから切り取って厚紙のボードに貼ったもの。ほかに照度計算、点滅回路分け、展開図、光のイメージ、取付け位置や高さの寸法なども記入されている。

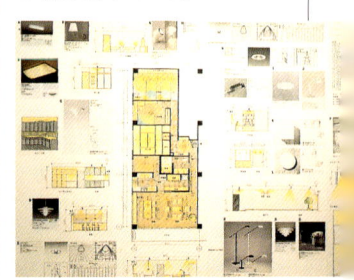

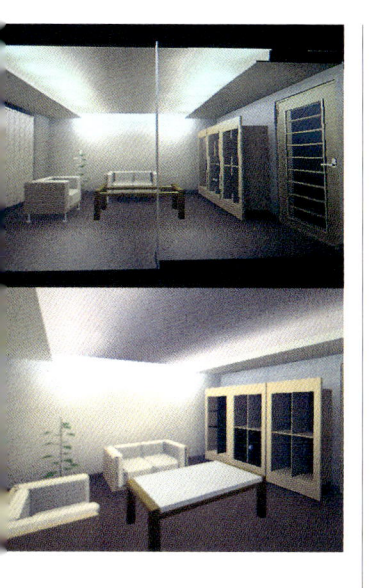

に光の拡がりを描くことで、器具の外観的なことだけではなく、光の効果まで検討している姿勢を見せることがすすめられます。

②コンピュータグラフィックス（CG）

住宅でもCGを使って内装と照明効果の関係を3次元で表現することがあります。年々この種のソフト開発が進み、操作も簡単になり、しかも安価になっているため、今後大いなる活用が望まれます。

CGでは、視点を変えることで器具の大きさや取付位置の見栄え上のシミュレーションができるほか、内装色や家具などを変えることで部屋がどのように変化して見えるかもわかります。また、光源の色温度調整や調光ができるものもあるため、照明の雰囲気を画面上で何となく感じさせることが可能です。

③光の模型

光は3次元のメディアです。そこで3次元の照明提案として考えられるのが、光の模型です。建築やインテリア模型に模型用のランプや光ファイバーを使って、実際に光の効果や雰囲気を出します。模型の縮尺は、建築の種類や規模によって異なりますが、橋梁やタワーなどの巨大構造物を除けば、1/20〜1/100程度がほとんどです。スチレンボードで天井や壁などをつくり、また家具やファブリックはバルサ（カッターで切れるような薄い木）やラシャ紙、スタイロフォーム、クロスなどを使ってつくります。そして光源になるミニチュアランプは、特殊ランプや工作用のランプを扱う店で探してきます。

住宅の場合、主要な部屋だけならば、1/20〜1/25の縮尺でよいと思いますが、その場合のランプは、1.5V用、8V用、12V用などをうまく使い分けるとよいでしょう。また、ミニチュアランプでも模型上では大きくなってしまう場合、0.5〜1mm径の光ファイバーを使用することがあります。仮に1/20の縮尺であれば、

模型用の超小型ランプを使うと、そのランプの光束さえわかれば実際の照度に近づけることが可能です。
　たとえばミニチュアランプ1灯あたり2lmとすれば、そのランプは実際のスケールで換算すると、1/20縮尺が実際の面積で20×20＝400倍になることから、2lm×400＝800lmの光束をもつランプに相当します。しかし、光ファイバーを使用する場合は、よほど精密なものをつくらないかぎり、空間の明るさはあくまでもイメージだけになります。
　私の事務所には、リビングダイニングルームの照明模型がひとつあります。照明の異なる天井面をいくつか用意して、それらを組み替えることで照明効果の違いを見ることができます。天井照明以外にコーブ照明やスタンドなどを配置して、それらの点滅で雰囲気の変わる様子が見られ、さらにシーン記憶調光器に配線してあるので、フェード機能で緩やかに光を変えることもできます。
　模型は空間規模やインテリアが依頼物件とまったく異なっても、インテリアが照明によって大きく影響されることを施主に実感してもらうことができ、また施主と光についての共通言語をもつ機会も得られて、たいへん有効です。しかし、難点は持ち運びにたいへん苦労することです。模型の主要部がスチレンボードでできているため、壊れやすいのです。そこで万が一のことを考えて、あらかじめビデオなどにとって記録しておくことも必要だと思います。

　④**モックアップ**
　これは原寸大もしくは1/2縮尺大の模型を使ったシミュレーションです。照明効果がどのようになるのかイメージしにくい場合、部分的に原寸大モデルをつくり、実際に使われる照明器具、もしくはそれに似た効果をもつ器具を使って実験します。間違いなく照明効果の確認が得られますが、費用と時間のかかることが

モックアップの欠点です。

しかし、住宅の照明設計のときは、自分の住まいが空間スケール的に使えるため、簡単な照明器具が用意できれば、そこで照明効果を具体的に検証することが可能です。費用もそれ程かからないですむので、ぜひ実践してもらいたい方法といえます。

照明方式の検討

照明効果のイメージを具現化するために、次に器具選定とその配灯に関係する照明方式の検討があります。住宅ではほとんどが全般照明と局部照明になります。

全般照明はおもに天井付け器具を等間隔に配灯して、部屋に平均的な照度を得る目的に使われます。住宅ではダウンライトが多いのですが、大型のシーリングライトを1～2灯配灯して、見た目で均一な明るさをつくることで、全般照明とすることも少なくありません。

食事や読書、調理などの、目を使って作業する部分だけを明るくする照明や、特定の場面を光で強調する照明を、局部照明といいます。器具は照射面に近い位置に取り付けられますが、スポットライトのように離れた位置からでも局部照明は得られます。全般照明を主体にする部屋と局部照明主体の部屋がありますが、1室多機能空間ではこれらの併用が求められます。

1980年代の初め、私は当時の最新オフィス照明の実態を視察する目的でアメリカに行きました。そこで見学したオフィス照明のほとんどが、タスク・アンビエント照明という方式を採用していました。たとえば、背の高いパーティションに蛍光ランプが内蔵されていて、天井面を間接的に明るくすることで質の高い**全般照度**（アンビエント照度）を得ており、それとは別に、机上面は局部的に明るいタスクライト器具がオフィス家具に収納されていました。この光の組合せは視作業に最適で、住宅照明にも十分応用できる照明といえま

す。

　日本人は部屋全般が一様に明るくないと照明されていると感じない人が多いせいか、全般照明にウェイトがおかれています。日本に来たことのあるデンマークの照明技術者がこんなことを言っていました。

「日本の住宅照明は全般に明るく、明暗のメリハリが弱い。北欧は局部照明主体の照明で、明暗のコントラストが強い。北米はその中間くらいである」

　照明の実例写真を見ると、局部照明主体の明暗コントラストのある空間の方がドラマチックで、空間がより引きしまって見えます。暗さがあって初めて明るさが評価されるはずなのですが、私たち日本人の視感覚ではどうも明るい部分より暗いところが気になるようで、それが陰気な感じになって目に映るのでしょう。竣工時に見栄えのよい照明空間をつくろうとすると、どうしても全般照明をおさえた局部照明主体になってしまいます。しかし、その結果、施主によっては暗く感じられるのでしょうか、もっと全般を明るくしてほしいと言われたことがありました。

　たしかに住宅では見た目で格好よい空間をつくるよりも、生活者にとって長く住んで気持ちのよい光環境であることが重要だと思います。それが全般に明るくすることだとは思いたくありませんが、日本人の生活習慣などを考慮すると、結局、住宅は全般照明にウェイトを置いた設計が無難なのかと思います。一般生活者の照明に関する意識や関心がこれからも高まらないかぎり、明るさ一辺倒の照明の現状から急に脱皮することはむずかしいと思います。

　照明方式には別の考え方で、**アンビエント**、**タスク**の他に、デコラティブ、アクセント、キネティックを加えた5つの方式で分類されることもあります。

　このうち**デコラティブ**は、シャンデリアやクリスマスのイルミネーションのように装飾的な輝きを主張す

上・右上／**照明の体験授業**　照明は頭で知識として覚えることだけでなく、体験によって光の感受性を高めていくことが大切である。協力／リビナ・ヤマギワ。

ダウンライトによる全般照明　ダウンライト器具を均一配灯することで、床面あるいは机上面に平均的な明るさを得ることができる。韓国のホテル・チェジュ新羅。

る方式です。

アクセントは、何か美しい対象をスポットライトで浮かび上がらせ、空間にその存在を強調する方式です。

そして**キネティック**は、光が動いて変化する方式です。キャンドルライトのように炎がゆれ動く様子も、点滅・調光により時間で照明効果を変える方式も、そうよびます。

照度計算をしよう

インテリアコーディネーターのなかにも、照度計算というと拒絶反応を起こす人がいます。実際、住宅の照明を考えるにあたって、どれだけの人が照度計算をしているか疑問です。照度は器具デザインの次に関心のあることにもかかわらず、ほとんどの方が計算をおこなっていないのが現状でしょう。

もちろん、照明は照度という物理量ですべてがすまされるほど単純なことではなく、光は人々の心にも影響を与えます。したがって、ルクスにウェイトを置く照明設計は、オフィスや工場、道路照明のように機能的な空間になりやすく、つまらなくなります。しかし、住宅では部屋の機能を満足させるために最低限の全般照明が必要で、それは事前に照度計算によって求められます。

この計算は住宅の場合、あまり正確にする必要はありません。100lxが120lxとなっても、その差を気づく人はあまりいないからです。また、計算と実際とで2〜3割の誤差があったとしても、その方が計算をおこなわないよりも姿勢として評価されるはずです。したがって、多少の誤差は気にしないで、前向きに取り組むべきだと思います。そこで、およその明るさを求めるのであれば、下記の式に基づいて照度が得られますが、その計算はあまりむずかしくありません。

床面やテーブル、作業台レベルの平均照度の基本式

は次のようになります。

$$照度（lx）= \frac{光束（lm）}{面積（㎡）}$$

実に簡単です。

　たとえば10lxの照度とは、10lmの光束が均等に1㎡の面に入射したときの明るさをいいます。このような考え方で部屋の床面や作業面における平均照度を求める場合、全般照明に関して、下記の計算式で求めることができます。

$$平均照度（lx）= \frac{光束 \times 灯数 \times 照明率 \times 保守率}{床面積（㎡）}$$

（光束はランプ1灯あたり）

　光束はランプの種類によって異なりますが、代表的なランプ光束については、第3章を参照してください。

　照明率とは、照明器具のランプから放射される光束のうち何％が床面や作業面に到達しているかを示すもので、器具デザインや取付け高さ、および部屋の大きさや反射率によってその率は変わります。現実的には100％が最高値のはずですが、計算上ではそれを超えることもまれにあります。

　照明器具やランプは経年とともに明るさが低下しますし、また部屋の汚れによっても照度は低下しますので、このことをあらかじめ見込んで係数を掛けます。この係数が保守率です。住宅用の器具はおもに白熱灯と蛍光灯になりますが、これらの保守率は器具や部屋の条件によって異なるものの、私は、概略計算では、白熱電球で20～15％減光するだろうとみて0.8～0.85、蛍光ランプが0.7～0.75で見込みます。

　以上から、照明率さえわかれば、簡単な計算式で平均照度を求めることができるわけです。代表的な器具の**簡易照明率表**を別図に示しました。これは私が住宅空間にかぎって簡単に計算する場合にのみ使う率で、部屋の大きさや反射率、天井高をある程度限定してい

照明器具		ダウンライト		シャンデリア	シーリング	コープ照明
数字は器具効率。ダウンライトの（　）はコンパクト型蛍光ランプを使用。		電球 65% (55%) 反射鏡付	電球 45% (35%) 反射鏡+バッフル	電球　60% 白色ガラス下面解放	50% 蛍光ランプ (乳白カバー付)	70% 蛍光ランプ
概略照明率	部屋の広さ 16畳 (約26㎡)	0.55 (0.45)	0.35 (0.25)	0.35	0.30	0.2
	6畳 (約10㎡)	0.45 (0.35)	0.30 (0.20)	0.30	0.20	0.15

概算照明率表 この照明率が使える空間は、部屋の広さのほかに天井高(2.3m～2.6m)、部屋の反射率(天井60～70%、壁30～50%、床10～30%) が条件になる。器具に関してはダウンライトの反射鏡はシルバーである。コープ照明で天井とランプ間が150mmの場合、300mmと比べて器具効率は半減する。
●計算例　上記の部屋の条件で20㎡のリビングルームに60Wの小型クリプトン電球用の反射鏡つきダウンライトを8灯取り付けた場合の机上面平均照度はいくらか。照明率は図表から26㎡に近いことから0.5とした。小型クリプトン電球60Wの光束は800lmなので、800lm×8灯×0.5(照明率)×0.8(保守率) 20㎡(面積) =128lx
以上から約120から130lxの照度になる。

ますので、ホテルやオフィスなどの大規模空間には応用できませんので、誤解のないようにしてください。

あくまでも概略なので誤差はありますが、勘にまかせるよりも、この表を使用して計算した方がはるかによい結果が得られるはずです。この簡易照明率表を使ってある部屋の照度を計算しましたが、ほぼ実測値と変わりませんでした。

照明器具費と電力費

施主の関心事に照明予算があります。基本設計の段階で、照明器具費がいくらかかるか、概算でも知りたいところだと思います。ごく一般的な一戸建住宅の場合、照明器具予算として照明メーカー側はひとごろ、建築費の3～5％をすすめていました。このような予算をかけてくれると、ある程度よい器具や調光装置などが選べるのですが、現場の進行に合わせて予算の見直しがおこると、照明器具はどちらかといえば削られる対象になってしまうことが多く、そのため照明器具にかける費用は、現実にはおそらく建築費の1.5～2％にとどまると思われます。たとえば、2000万円の家で

も照明器具費としては30〜40万円ほどしか使われていないということになります。

　残念ながらこの数値は、照明がたんにインテリアや設備の中の一部の役割を満たす程度のこととしか考えられていないことのあらわれだと思います。照明を大切に考えている人は、空間を構成する3本柱のひとつとして、建築とインテリアに並んで照明があるといいます。実際、光がなければ何も見えないわけですから、照明の役割は大きいと思うのですが……。

　私は住宅照明においても、常に照明予算を気にしながら設計しています。したがって、設計で選んだ器具のリストにあわせて、概算器具費を作成します。その際、照明カタログに載っている器具の価格が正しいかの確認と、ランプや安定器など別売りになっているものの取りこぼしがないように注意しなくてはなりません。20〜40坪くらいの家であれば、新築も増改築の場合も、いまのところ私は1坪（3.3㎡）1灯を目安に設計します。カタログ価格では1灯あたりの平均価格がおよそ2万円ですので、10坪の改築なら20万円くらいの予算を計上します。なお、器具の個数と予算は当然、個人差、地域差などが生じますので、具体的になったときは調整が必要になってきます。

　照明器具費と取付け費、配線工事費を加えた、初めにかかる費用をイニシャルコストといいます。それに対して年間の電力費とランプ交換人件費、清掃費、修繕補修費を加えた、竣工後にかかる費用をランニングコストといいます。照明器具は一度購入したら10年以上も使っている家庭が多く、この場合イニシャルコストより10年間のランニングコストの方が高くなることも当然、考えられます。

イメージを具現化する実施設計

　基本設計が終わると、次に実施設計が始まります。

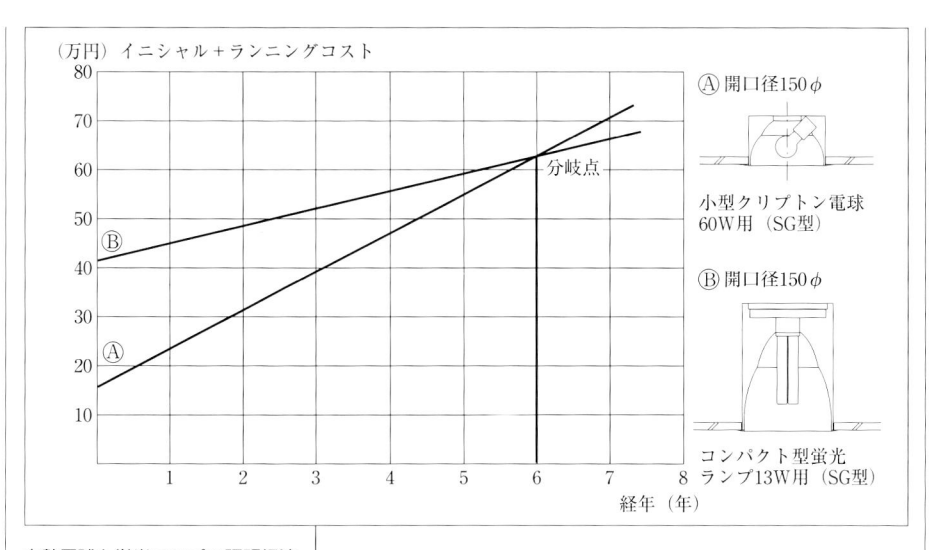

（万円）イニシャル＋ランニングコスト

Ⓐ 開口径150φ
小型クリプトン電球60W用（SG型）

Ⓑ 開口径150φ
コンパクト型蛍光ランプ13W用（SG型）

分岐点

経年（年）

白熱電球と蛍光ランプの照明経済比較　白熱電球と蛍光ランプとでは経年でどちらが経済的かを、ある条件のもとで計算してみた。条件設定は以下のとおりとする。
・100㎡の家において、ダウンライトでAを20灯使用、同じ照度を得るためにBでは24灯使用。
・年間点灯時間は1日6.5時間の300日で約2000時間。
・電力費は基本料金も考慮して1kW/hで30円。
・器具単価：Aが8500円（340円）、Bが18500円（1300円）。（　）内はランプ単価・配線費やランプ交換、清掃費などは計算に入れない。
　以上からダウンライト照明の場合、蛍光ランプはイニシャルコストがかかるが電力費が安いため約6年で白熱電球と逆転する。もし1日の点灯時間が3時間以下としたら10年たってもまだ白熱灯のほうが安いため、雰囲気効果を考えると、この条件では白熱灯がすすめられることになる。

　物件によっては基本設計のみで終わってしまったり、工期の長い大型プロジェクトでは、3～4年のブランクがあってから実施の依頼を受けることもあります。後者の場合、その間にランプや照明器具の技術進歩があるため、それを含めて時には大がかりな見直しをおこないたい場合もあります。しかし公共建築を含めた大型プロジェクトは、構造や意匠、設備などに多くの設計者が参加しており、それらの内容や予算に影響を与える場合、変更は簡単には認められません。

　住宅では、実施設計で梁や野縁、配管などの建築の構造や設備上の問題から器具の取り付けが困難となった場合には、配灯のやり直しが起こります。また、建築デザインや内装の変更による照明器具の見直しもあります。さらに、よくあることですが、予算の減額にともなう器種の変更作業も発生します。実際、この段階でさまざまな見直しが起こることがありますが、問題はそのような変更要請なしに、どこかで勝手に機種や取り付け位置が変えられてしまうことです。私どもとクライアント側のコミュニケーションがうまくいってないと、おおいに起こることで、それが原因でイメ

ージしていた照明効果がでないと悔やまれます。

　一般にクロスや絨毯などの内装材はカタログで選んだうえ、サンプルを取り寄せてその善し悪しを確認します。照明器具の場合、実際に現物を取り寄せることがむずかしいため、ほとんどはカタログ写真と仕様を見て選んでしまいます。インテリアコーディネーターでも、いちいち照明メーカーのショールームや販売店に出向いて、器具の照明効果を確認することは少ないと思います。

　住宅といえども、いや住宅だからこそ、できるだけ施主といっしょにショールームなどに行って、器具のデザインと光を確認すべきだと思います。照明器具は一度購入したら、長くその光のお世話になるわけですから、気にいらないものを使いつづけるのはつらいはずです。実際に照明器具を見ると、その大きさや質感、ディテールなどはカタログ写真で気のつかないことが、よくわかります。私も「やはり器具を見ておいてよかった」と思ったことが、何回もありました。

　しかし、ショールームには実際に使用したい照明器具のすべてが展示されているわけではありませんし、見たい器具だけが点灯されているわけでもないのです。たいていは他の燦々と光り輝く照明器具といっしょに展示されているため、そのような条件下で使用器具だけの照明効果を正しくイメージするのはむずかしいことです。さらに問題は、東京や大阪などの大都市では照明専門店やショールームがいくつもあるのでいつでも見ることができますが、地方都市ではそれが簡単にはできないことです。

　けれども、照明はどこにでも付いています。ホテルや公共建築などの新しい施設を見るだけで、新しい照明器具のデザイン傾向や手法がわかります。したがって普段から照明に関心をもっていろいろな照明空間を見ていれば、おのずとよい照明情報が身につき、感覚

も養えるはずです。

最後の仕上げとして欠かせない光の調整

　最終段階で照明器具が取り付けられて点灯されるときには、現場に立ち会うようにします。本当は照明の配線工事の際に、設計通りの位置に配線されているかをチェックできれば一番よいのですが、それはほとんど無理だと思います。私自身の経験ですが、現場で配線チェックを怠って悔やんだことがありました。設計の密度が高くなると、ときには数センチ単位の配灯位置に神経質になることがあり、それが配線工事の人に正確に伝わっていなかったために、イメージどおりの照明効果が得られないこともあるのです。

　さて、現場に立ち会って、私たちは何をするのでしょうか。電気の点灯瞬間をボーッと見ているわけではありません。照明の立ち会いとは、照明器具から放射されている光が正しく照明され、イメージどおりの効果を発揮しているかをチェックし、場合によっては器具ひとつひとつの光を調整することです。

　照明器具には固定取り付け型と非固定取り付け型があります。一般のダウンライト器具は、いったん器具が取り付けられたら器具の移動などができないので、これを固定取付け型といいます。しかし投光照明ダウンライト器具のようなものは、器具は固定ですが、光が非固定になります。電気工事の人が器具を取り付けた時点では、設計意図と違った方向に光が向けられていることがありますので、器具の光の照射位置や角度を、現場で調整することが必要になります。このように、空間の雰囲気や照明効果を設計時のイメージに近づけるように光を調整する作業を、**フォーカシング**またはチューニングといいます。照明の設計監理のなかで、最も重要な作業になります。

　店舗や美術館、ホテルなどでスポットライトやアジ

ャスタブルダウンライト器具を多用しているところ、またプログラム調光設備を導入しているところでは、フォーカシング作業が欠かせません。このような作業の多い空間では、フォーカシング料を別途で請求することもあります。絵画や観葉植物、商品などに光がぴったり当たったとき、それらが空間から美しく浮かび上がり、フォーカシング前に比べて見違えるようになります。住宅でも、演出効果にウェイトをおいた部屋では、非固定器具を選ぶことが多くなると思います。そこでは当然、フォーカシングが必要になります。

　最後に、施主の了解が得られれば、現場写真を撮ります。できれば照度を計っておいてデータ化して、次の仕事に生かせるようにします。また、照明器具の清掃やランプの交換に必要なメンテナンス資料を、施主に渡せると親切です。照明効果の持続は大切なことです。一度引き渡して私たちの手から放れたならば、お呼びがないかぎり何もできません。施主の生活にあかりを常に役立ててもらうために、メンテナンス指導は必要なのです。

　以上が照明設計の大まかな流れです。この流れをすべて完璧に消化するには、タイムスケジュールや設計料が十分なければ現実的にむずかしいことです。また、設計者の技術力とデザイン力も問題になります。はっきりいって私にとっても、ここで述べたような設計の流れで仕事ができることは理想です。大雑把にはこのような流れを維持しながら設計をしていますが、仕事によっては優先順位の低い内容がぬけてしまうような形でやらざるを得ないこともあります。

　インテリアコーディネーターが照明において、どこまで理想的な流れで仕事ができるかはよくわかりませんが、最近は照明を勉強している方も増えており、私たちのやり方に近づいてきていることを耳にすると、うれしく感じます。

10年経っても快適でありたい

　建築やインテリア雑誌に紹介されている美しい空間の事例写真を見ると、こんな空間で生活できたらといつも思います。しかし、冷静に考えてみると、一般に美しく快適な空間ほど、その状態を長く維持することはむずかしいものです。同じようなことが照明にもいえます。

　仕事がら、話題の照明空間をよく見に行きます。しかし竣工直後はすばらしくても、数年後に見に行くとその面影が薄れていることがしばしばあります。照明が売り物の観光地ですら、メンテナンスの悪い空間があります。たとえばアムステルダムの跳ね橋は、多数のランプによってその輪郭が美しく表現されているのですが、たまたま見に行ったときはいくつかのランプが切れて、まるで歯抜けのようでした。またラスベガスのメイン通りであるストリップ大通りを歩いたとき、ライトアップ用のスポットライトのランプが切れていたり、照射方向がずれていたりしているのを目にしました。

　観光地でさえそうですから、話題性のない空間ではよほど不都合なことが起こらないかぎり、竣工直後の一番よい状態の持続はありません。メンテナンスの悪い照明で一番多い問題は、ランプ切れです。とくにランプ交換のむずかしいところは、いつも切れたままです。ランプ交換をする人の身になって、メンテナンスのおこないやすい照明を考えなければなりません。初めだけとりあえずよい照明効果をだしておけばと考える人もいますが、結局そのしわ寄せはすべて施主にくるのです。

　ディズニーランドではたくさんのランプを使用しているにもかかわらず、ランプ切れがないかを毎日チェックしているそうです。普通、大規模な空間は数灯く

らい切れていても、機能的にはあまり影響がないため、そのままにされているケースが少なくありません。しかし住宅では、そのようなわけにはいきません。1灯でも切れると生活に支障が出るため、ランプ交換はすぐに、おこなわれなければなりません。ランプ交換は、ほとんどど素人に近い生活者がおこなうため、次に説明するいくつかの注意点を考慮しながら、器具選びや配灯をおこなうことが大切です。

　第一は、入手しにくい特殊なランプ用器具は、できるだけ設計にいれないことです。都市部では専門店や大型店があるので、購入しようと思えばいつでもできるのですが、地方では困難です。とくにランプ寿命の短い白熱ランプは、コンビニエンスストアで販売されているような普及ランプを使用した器具を選ぶ必要があります。

　第二に寿命の短いランプはきらわれますので、毎日、長時間点灯する空間は蛍光ランプ中心の器具選びになります。最近はコンパクト型や電球形蛍光ランプを使用した照明器具も白熱電球の代わりに増えており、光色に電球色を選べば家庭的な雰囲気の演出が可能です。しかし、ランプ寿命はその種類によって6000～9000時間までの違いがありますので、照明効果と寿命のバランスを考慮することが必要です。

　第三にランプ交換のおこないにくい器具デザインや、取付け位置でないようにすることです。脚立(きゃたつ)にのぼっても届かないような天井の高いところでは、電動昇降付きか、ランプチェンジャというポールを使用して交換できるような器具を選ぶようにします。また、ランプ交換のおこないにくいランプ口金も、基本的にきらわれます。たとえば、白熱電球であればローボルトハロゲン電球のピン式のもの、これは照明器具にもよりますが、慣れていないと強引に差し込むことでピンが折れてしまったという話を何度か聞いています。

私は個人的にいうと、ローボルトハロゲン電球は照明演出に優れたランプだと思っていますが、口金がピン式だとランプ交換は少しやっかいです。ランプ交換が簡単にできるようになれば、もっと多く住宅で使用するよう推奨したいくらいです。
　以前、8mの天井高のある住宅のエントランスホールを、ピン式口金をもつ12Vのハロゲン電球用ダウンライト器具で全般照明を考えたところ、ランプ交換ができないという理由で変更を指摘されました。12V用の器具は開口径が小型でデザイン的にもよく、照明効果もかなり期待できたのですが、ランプ切れで消えたままの状況を想像すると耐えられないので、結局、器具の開口径も大きい器種に変えました。

取付け位置はメンテナンスを考えて

　初期の照明効果を維持するためには、照明器具やランプの汚れが問題になります。その度合いにもよりますが、汚れをほうっておくと1年で10～20％ほど照度の低下がおこります。また、省エネルギーを考えるのであれば、暗くなったと思った時点で早目の器具清掃が望まれます。器具の汚れを少なくするためには、虫やほこりの入りにくい構造をもった器具がすすめられます。器具の汚れは見栄えの問題のほかに、減光して照明効果の低減にもつながります。
　最近の照明器具は、汚れにくい構造や表面処理を施したものが増えてきました。たとえばカバー付き器具でも中にほこりや虫が入りにくくなっていたり、また屋外用器具のなかには雨が降ることによって器具表面の汚れがきれいに落ちるよう、特殊な仕上げのものもあります。
　白熱灯を使用する場合、電球の寿命は放熱の悪い器具や振動のある所（開閉の多い扉の近くなど）での使用に悪影響を受けます。けっこう頻繁に切れると思った

なら、調光器によって少し照度を落として使用するか、ランプのワット数を1ランク下げてみるとよいでしょう。

　照明器具は、簡単にランプ交換のできないものは極力選ばないほうがよいでしょう。たとえば、ガラスカバー付きの器具はガラスの取り外しにドライバーなしでできるか、またダウンライト器具は手の感触だけで簡単にランプ交換ができるかどうかなど、これは照明カタログを見ただけではなかなかわからないことです。

　照明器具は本来、使っていくうちによい味がでて、雰囲気が増していくのが理想です。そのためにも年に1～2回のメンテナンスは必要です。残念ながら現状は、器具の手入れもあまりせずに寿命を迎えることが多いようです。照明器具の寿命は、ふつう10年前後とされています（蛍光灯の場合、安定器の寿命は8～10年です）。しかしメンテナンスがしっかりしていれば、器具によっては20年でも30年でも、あるいはそれ以上持たせることも可能です。照明器具を早くゴミにすることは、環境によくありません。よい器具をいかに長く使用するか、また照明効果をいかに持続させるかまでを設計の段階で考えることが、これからの照明に求められる大きな課題になります。

第6章
住宅の照明設計

変化に乏しい日本の照明

　何年かごとに住宅照明の実態調査が、雑誌などに発表されます。それによると、ここ20～30年、日本の住宅照明は蛍光灯主体で、部屋全般を明るくする傾向が依然として続いています。このような機能的かつ経済的な蛍光灯照明は、省エネルギーの観点で評価されますが、一方で家庭空間をまるでオフィスのようにしてしまいます。

　照明は配線工事の関係で、建築の着工前に設計を終えていることが望まれます。当然のことながら、配線のないところに照明器具を取り付けることはできません。そのため照明設計が後手にまわると、必ずといってよいほど配線が天井中央にくることから、その位置を利用した照明器具選びになってしまいます。そこでもっとも無難な器具選定として、蛍光灯の大型シーリングライトが多く選ばれてしまうのです。

　蛍光灯の明るい照明は、たしかに目を使って仕事をする生活に欠かせません。しかし、それはリラックスやプライベートの雰囲気を必要とする空間に、必ずしもふさわしい光とは思えません。住宅では書斎や子供部屋、キッチンなど明るさを必要とする空間もありますが、そこでもオフィスとは異なる照明の質が求めら

れるのです。

　住まいの照明を部屋別でどのようにしたらよいかを、次に考えてみますが、建築やインテリアデザインによって、また施主の要望などから、さまざまな照明案が考えられます。したがって、それぞれの部屋の照明はかくあるべきと説明された資料を見て、それを参考に設計をおこなっても、なかなか理論どおりに運ばないものです。そのためここでは、私の経験をまじえて、述べることにします。

玄関……求められる歓迎の光

　玄関照明では、安全や防犯としての明るさが得られるようにします。また、その光がときどき訪れる訪問者にとって、歓迎的な光であることも、大切な条件になります。

　一戸建ての場合、一般には玄関扉をはさんだその両側か、もしくは開閉する扉の陰にならない側の壁にブラケットが付けられます。器具は風雨の影響を受ける場合、防雨もしくは防雨防滴型器具でなければなりません。白熱灯であれば40〜60W用くらいがふさわしく、また夜間は暗さに目が順応しているので、あまり煌々と輝くようなデザイン器具は避けた方がよいでしょう。器具自体がほんのりと輝いていればよいので、強いまぶしさはかえって人を寄せつけないイメージにつながってしまいます。

　最近、人感センサ付き器具を選ぶ家が増えてきています。それは省エネルギーにも貢献するので推奨できる装置ですが、導入にあたっては誤作動を生じさせないように、また、より効果的な点滅を実行させるために、検知エリアの検討が必要になります。なお、規格住宅の玄関は施主の希望とは関係なく、建物のデザインから、あらかじめ決められた位置に決められた照明器具が付いていて、自由に選べないことがあります。

玄関ホール照明 床から少し浮いた下足入れの下面と側面に蛍光灯を隠し、床面および壁面の一部を照明する。通常は天井からダウンライトで玄関全般を明るく照明するが、そうした光とは別に空間のアクセントとして下足入れがシルエットで光る効果が興味深い。建築設計／妹尾正治建築事務所。

　内玄関はホールと一体に考えれば、一般にダウンライトによる全般照明と、もうひとつ、絵画や観葉植物などの装飾的対象が明るく美しく浮かび上がるようなアクセント照明があるとよいでしょう。もちろん、ダウンライト器具ではなく、華やかなデザイン器具による照明もすすめられますが、扉の開閉で外気に触れやすい場所ですので、器具自体の汚れに対するメンテナンス性に十分な配慮が求められます。

　内玄関に吹抜けがある場合、そこは昼間トップライトかサイドライトによって、明るく照らされます。このような空間に小型の吊り下げ器具数灯を配灯すると、訪問者に対して歓迎的な光の意味合いが高まり、建築デザインによっては心地よい雰囲気を感じさせます。また、ランプ切れに対して簡単に交換できるような器具の構造や、取り付け高さの検討も、選定の際に求められます。

　靴入れのような玄関収納の下部と床面との間に10cm以上の隙間があれば、そこにランプを内蔵して床面を明るくすることが可能です。靴を履くときなどに、足元が明るいことはよいことです。しかし注意しなければならないのは、床面の仕上げです。高級感をだすため石の磨きにすることがありますが、その光沢感がせ

っかく隠れているランプを床に映り込ませ、器具によってはそれが貧相に映って見えてしまい、照明効果を台無しにしてしまいます。

階段……安全に昇り降りするために

　各部屋の中でも、階段室の照明をどうしたらよいか聞かれることが、よくあります。それだけ階段の照明を考えることは、むずかしいのかもしれません。階段は安全に昇り降りできるための明るさと、段が立体的に見える陰影効果、グレアのない照明が求められます。なぜそこまで光の量や質にこだわるかというと、ここは重大な家庭内事故が最も多く起こる空間だからです。

　階段室といっても、直進階段や急折、前折、らせん階段など、いくつかの形態があり、それによって照明方法も変わってきます。いずれにしても、階段上の天井に器具がつけられればあまり問題ないのですが、それが困難だったり、ランプ交換しづらいなどの理由から、どうしても壁に付けられることが多くなります。踊り場のある前折や急折階段で、天井が低ければ、そこにダウンライト器具などの天井灯を付けることもできます。この場合でも、器具の配光を考えないと、安全な明るさで階段面全般を照らすことは、むずかしくなります。

　私のおこなった設計で、以前、グレアについて問題になったことがあります。それは踊り場のコーナーに間接照明用ブラケットを付けたために生じました。階段を上がるときは雰囲気があってよかったのですが、上階から降りる視点ではランプが直に見えてしまい、まぶしいといわれました。このように視点によってグレアが生じないよう、器具を選ぶときには、あらかじめ展開図などで、器具の配光と、取り付け位置から十分な遮光が得られるかのチェックが大切なのです。

　階段室の照明は、階段の陰影の付きかたで段の見や

階段照明　上／反射型電球をアッパーライトとして利用したブラケットによる照明。２階から見下ろす視点に対してグレアが生じない位置に器具を取り付ける。
下／コンパクト形蛍光灯の壁埋め込み器具で階段の一段一段を照明。器具は各段の踏み面に程よい立体感が生じるように配灯されており、上り下りの視点でもまぶしさがない。デンマーク・コペンハーゲンのルイス・ポールセン社ショールーム。

すさが異なります。たとえば、間接照明だと陰影が弱く、もしも階段が暗い仕上げだと見方によっては段がスロープ状に見えてしまうこともあり、とくに年輩者の歩行には好ましくないといえます。

階段の1段ごとに1灯、もしくは2〜3段に1灯の足下灯で、足元を中心に照明することがあります。この方法は、階段の形状と器具デザインによって、うまくいくこともあれば、逆に器具の存在がうるさくなって失敗することもあります。

特別な例かもしれませんが、蹴上げ部分がなくステップだけの階段で、階段下の床に床埋め込み器具を内蔵したことがあります。器具は12V35Wのダイクロイックミラー付きハロゲン電球用で、光の角度がやや調整できるようなものを使用しました。このステップの隙間から漏れる光が、壁面に興味深い光と影をつくりだします。蹴上げ部分がない階段だからこのような照明ができたわけです。(p.133の写真参照)

なお、階段室と次に述べる廊下の照明は、2か所からランプの点滅ができるように、3路回路スイッチが必要です。

廊下……誘導効果を高める照明

玄関から階段室や各部屋に誘導する空間として、廊下があります。照明は安全な明るさが必要ですが、少し広い廊下であれば無機質な雰囲気にならないように絵画や植物などで飾ることがすすめられ、そこに光の演出も求められます。

一般には、廊下の中心にダウンライト器具を配灯して、壁面を明るくしながら床面をさらに明るく見せるように照明します。できれば部屋の出入り口にあたる扉を全面きれいに照明できる配灯が効果的ですが、少し長い廊下だと扉の位置とは関係なく数灯を均等間隔に配灯した方が、見た目がすっきりすることもありま

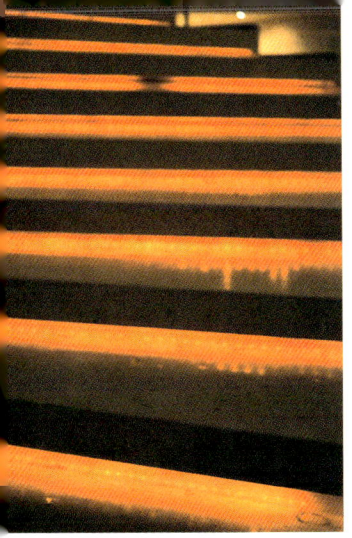

階段照明 上／連続配灯した小型電球で階段の各段を間接照明している。この照明は多くの人が一度に利用しても階段の踏み面がわかりやすく、安全に上り下りできる。パリ・ルーブル美術館。
下／ブラケットによる回り階段の照明。器具は60W用白熱灯3灯で踏み面から約1.8mの高さに配灯。建築設計／佐川旭建築研究所。

す。

　ダウンライトとは対照的に、間接光の得られるブラケット照明があります。これは床面照度はあまり期待できませんが、目に優しい明るさ感が空間全体に広がり、たいへん効果的です。

　深夜にトイレを使うとき、廊下全般が明るすぎると目がさめてしまいます。そこで深夜、廊下の使用が多い場合、全般照明器具とは別に足下灯が併設されます。足下灯はパワーのない器具が多いので、それだけで廊下全般を明るくすることはむずかしく、深夜の使用に限られます。

リビングルーム……劇場的考えの導入を

　リビングルームは、家族の団欒や接客のほかに、テレビや音楽鑑賞など、家の中でももっとも多目的な空間です。しかし、団欒や接客の少ない家では、どうしても機能的な役割に空間のウエイトが高まってしまいます。そのようなリビングルームの照明は部屋の隅々まで明るくすることをよしとするため、一般に大型の蛍光灯シーリングライトを天井中央に取り付けることが多くなります。

　リビングルームでの夜を、明かりで楽しもうとする人もいます。広い部屋であれば1室多灯で、3〜4の点滅調光回路分けができるようにします。1室多灯の場合、主張の強いデザインのものばかり選ぶと、部屋がまるで照明器具のショールームのようになって好ましくありません。そこで、とくに部屋全般の照度を求める器具は、その存在をあまり感じさせないダウンライト照明や、コーブ照明・コーニス照明などの建築化照明を主体に考えることもすすめられます。またワイヤーシステムのように、小型器具を複数取り付ける手法もあります。

　建築化照明のなかで、壁面や天井面を光らせる方法

建築化照明を駆使した廊下　コンクリート壁にスリットを切り、各々のスリット上部に反射形電球50Wを内蔵して、床面をリズミカルに照明する。階段下の自転車はオブジェとして、12V35Wのハロゲン電球用床埋め込み器具で照明する。歩く人にまぶしさを与えないように器具はハニカムルーバが装着されている。建築設計／妹尾正治建築事務所

右／グランドピアノの照明　花が咲いているような装飾性のあるハロゲン電球用スポットライトがピアノの上部にまとまって配灯されている。ピアノの前に立つとまるでステージに上がったような緊張感が迫ってくるが、楽譜や鍵盤には十分な明るさが得られている。ドイツ・フランクフルトのバートフィベル住宅展示場

上／ワイヤー照明システム　中空に漂う照明器具は超小型であまり目立たないが、その光は明るく、存在を主張する。必要とされる部分だけを照明するため、明暗コントラストの美しさが楽しめる。
右上／間接照明とスタンドの光　木の傾斜天井を小型クリプトン電球の連続配灯で照明。スタンドのあかりが効果的に働いて、家族団欒にふさわしい雰囲気をつくる。建築設計／ウイエデザイン、Tsujido Project。

は部屋の背景をつくるのに有効ですが、それだけでは殺風景なこともあります。そこで、これに何か美しい対象が浮かび上がるハイライトや、美しく輝く照明器具がひとつでもあると、その風景は見違えるほどよくなります。このようなフォーカスポイントがあると視点が定まるので、人は空間の中で安心感を得ます。フォーカスポイントを得るもっとも手軽な照明器具は、スポットライトやスタンド器具になります。

スタンド器具は部屋が狭くないかぎり、2灯を対で使用することをすすめます。シェード型のサイドテーブルスタンド器具は、できるだけソファに座ったときのアイレベルにあるようにします。シェードの輝度は、壁が明るい仕上げであれば、1500cd/㎡くらいの輝きがあってもよいのですが、暗い仕上げが背景にくる場合や部屋の全般照明を低めに設置しているときは、シェードの輝度は500cd/㎡以下に調整した方がまぶしくありません。

ちなみにシェードの輝度は、一般に布シェードであれば、だいたい500～1000cd/㎡です。

ピアノを弾いているとき、本や新聞を読んでいるときなどは、鍵盤や紙面を中心に明るくできる照明が必要ですが、音楽鑑賞や家族との団欒などリラックスしているときの照明は、基本的に人を照らすのではなく、

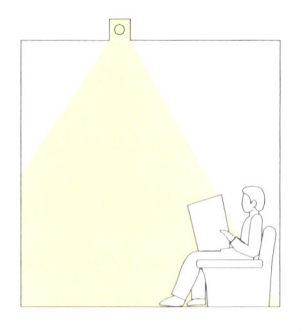

インテリアが美しく見えるようにしなければなりません。その意味ではタスク・アンビエント照明のひとつの考え方として、トーチ型のフロアスタンドとリフレクタ型のテーブルスタンドの併用があります。

　テレビのデジタル放送化によって画像や音響のレベルが高くなってくると、リビングルームでそれらを楽しむ場合の照明も、これから少しずつ変化してくると思います。

　リビングルームではどのような光でリラックスするかを、実際にいくつかの照明効果を体験してもらい、いろいろと感想を聞いてみたことがあります。それによると、白色の蛍光灯よりも白熱灯がよいとする人が圧倒的で、さらに白熱灯でもダウンライトより、頭上に光のないウォールウォッシャのような照明が高い評価を得ました。

ダイニングルーム……おいしい食事のために

　私たちの感覚は、イメージに大きく影響されるといわれています。これをイメージの象徴化といいます。たとえば、高級レストランとファミリーレストランとで、食材も味付けもまったく同じ料理を食べても、前者の方がおいしく感じられるに違いありません。最近、家庭で本格的に料理をつくることが少なくなっているらしく、レトルト食品の売り上げが伸びているようですが、そうした料理であっても食器やテーブルデザイ

リビングルームで雑誌などを読む
左は誌面に光が直接あたり効果的だが、白熱灯照明だと頭上に熱感が生じる可能性がある。中は誌面に光があたりにくいので目が疲れやすくなる。右の照明がすすめられるが、スタンドのシェードの形や高さによっては誌面への明るさが期待できないこともある。

ダイニングルームのペンダント
テーブルの白とワイヤーで吊り下げられた白のガラスペンダントが空間と調和している。このハロゲン電球器具は食卓上の料理や食器を輝かせて、視覚的に食べ物をおいしそうにみせる効果がある。ドイツ・フランクフルトのバードフィベル住宅展示場。

ンに気を配り、さらに照明が食卓を美しく浮かび上がるように演出すれば、見た目できっとおいしく食べられると思います。食事に必要な照明は、まさにそのような演出効果や雰囲気を高めることです。

　ダイニングルームの照明はインテリアにもよりますが、たとえば白い壁やメタルテクスチャー、ガラスなどで構成されたモダンな部屋は、輝度の高い光を放つハロゲン電球用器具が素材の質感を高めます。もちろんそれは、料理をおいしくみせることにも貢献します。木質系でまとめられたインテリアでは、一般電球用器具で、できれば少しワット数の低いランプを複数灯使用すると効果的です。低ワットの電球は色温度が低く、クリアランプであればまるでキャンドルライトのような印象を与えることもできます。

　ダイニングルームでは、食事の時間帯によっても、それぞれ好ましい照明があるはずです。朝食と夕食では、求められる照明の雰囲気が自ずと異なります。夕食にキャンドルライトの欠かせないヨーロッパの国々でも、朝食にキャンドルは主役になりません。また、朝と夜では自然光の入り具合に違いがあるので、同じ照明でも採光があるかないかで部屋の雰囲気は変わります。旅行や出張でホテルの朝食をとることがしばしばありますが、ダイニングルームが無窓で白熱灯だけの照明ではどうも目覚めが悪く、食がすすみません。自然採光が十分に期待できない部屋は、朝らしいさわやかな光が別に望まれます。

　少し広いダイニングルームを照明で演出するには、照明の点滅回路が少なくとも2～4あるとよいでしょう。まず1つめの点滅回路は食卓の照明になりますが、一般にペンダントによる照明になります。食卓面上を明るくして料理やテーブルデザインを引き立たせるようににするのであれば、グレアを抑えるために、ランプが少しシェードの奥に入っている下面開放型の金属

性器具を選びます（第4章・ペンダントの項参照）。

　食卓面の照度よりも空間全般の見え方や雰囲気を重視するのであれば、ガラスグローブやシェード型のペンダント器具でもよいのですが、食器棚のガラスや透明の窓ガラスに照明器具が映り込むことで、視覚的にわずらわしい思いをするおそれもあります。

　食卓面上に器具を吊り下げたくない場合、天井にスポット配光のダウンライトを選ぶことがあります。ただしこの場合、部屋全般を眺めたとき、何か間の抜けたような光景になりやすく、また器具の直射グレアや、光沢のあるテーブル面では反射グレアの心配もあるため、テーブルには常に花を飾るか、それに変わる装飾によって、視線を好ましい方向にそらすようにする必要があります。

　2つめの回路に部屋の全般照明がありますが、それはシーリングライトや最近ではダウンライト器具もよく使われだしています。ダウンライト照明は白熱灯であれば、座っている人の頭上に器具がこないように配

ペンダント器具による食卓の照明

食卓の照明にはペンダント器具を使うことが多い。器具は一般に食卓の大きさに応じて選び、配灯するとよい。目安として4人掛けのダイニングテーブルではその長手の長さに対して1/3くらいの直径をもつ器具が食卓面上約60cmの高さに吊り下げられる。6〜8人掛けのテーブルで2灯取り付ける場合は、長手の半分の長さに対してその1/3以下の直径器具が求められる。円テーブルでは、直径の半分の径をもった器具がバランス的によい。器具のW数はこれも目安だが、テーブル面積1㎡あたり、一般の下面開放型器具であれば白熱電球で60〜100W、ハロゲン電球の反射鏡付き器具であれば30〜50Wくらいが望ましい。

灯デザインに注意します。なぜなら器具からの輻射熱によって人の頭を暖めたり、陰影によって顔の見え方まで悪くさせるからです。

その他の回路は、絵や観葉植物など部屋の装飾に対しての照明です。

食事を楽しく、そして料理をおいしそうに見せる照明としては、大きな器具1灯よりも複数の小さな白熱ランプ用器具の使用がすすめられます。1灯では方向性のある影が強く、食器や料理の輝きにムラが生じるからです。白熱電球といってもハロゲン電球やグルメ電球、シャンデリア電球などさまざまあり、その選定によっても照明効果が変わります。主照明の回路はできるだけ調光付きにし、明るさを変えて雰囲気を醸し出すのもよいでしょう。

食事という行為は単に空腹を満たすだけではなく、毎日生きられるだけの恵みを得たことに対する神への感謝の意を込めておこなう儀式のはずです。そのことを考えると、私たちはもっと時間をかけて、楽しく食事をするように心がけたいものですが、それを助けてくれるのが明かりだと思います。

キッチン……作業面を明るく

キッチン空間は1列型やU型、ペニンシュラ型、アイランド型、カウンター型などがあり、さらに棚の有無、窓の位置や大きさなどで照明の考え方が異なります。また生活者がキッチンをどのように使うかによっても、照明は違ってきます。

アメリカではキッチンの空間機能として、単に料理をするだけでなく、家族や友人と談笑したり料理の本を読んだりすることもあるので、そのための照明は視作業のための明るさ確保以外に、家庭的な雰囲気も求められています。日本も徐々に、そのような方向に向かうものと思われます。

▶ U字型

▶ カウンター型

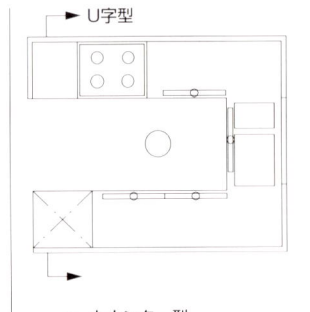

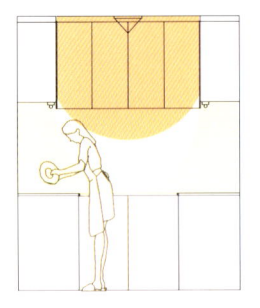

キッチンの形態と照明　シンクやコンロなどの作業面へ十分な照度が求められるとともに、キャビネットを開けたとき中に光が届くような全般照明の器具選定も重要である。光沢のある什器類が多いので、反射グレアには注意が必要。また、ダイニングルームなどと隣接する場合、照明が干渉し合うので、ランプの光色や器具デザインの調和が望まれる。だが、空間機能が異なるので光の調和を図ることがむずかしい。

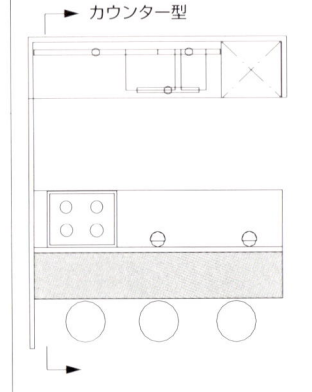

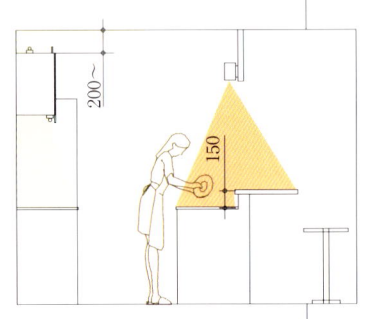

　視作業のための照明は、手元灯として一般に吊り戸棚の下面に直管型蛍光ランプが取り付けられ、シンクやコンロなどの作業面を明るく照らします。この場合、市販の器具は水がはねても安全な半透過性のカバー付きが多くなっています。このような器具のなかには、光が拡散するほど生活者の顔に光があたり、作業面の明るさが弱まっているものもあります。本来、手元灯はできるだけ作業視点でランプが見えないようにし、それによって作業面がより明るく浮かび上がるようにします。しかしコントラストの関係でキッチン全般が暗く感じられることもあるため、それを全般照明で補うようにすることが一般的です。

　吊り戸棚が作業面上にこない場合、作業面に柔らかなスポット光の得られるブラケットか、吊り下げ器具を選ぶとよいのですが、器具自体が見えてしまうおそれがあるので、器具デザインには家具や什器との調和

が求められます。

　キッチンの全般照明は一般にダウンライトかシーリングライト、蛍光灯埋め込み器具が使用されています。全般照明用のシーリングライトは、とくに吊り戸棚の扉を開けたとき、その内部を照らしてくれるため機能的にすすめられますが、扉が器具にぶつからないように器具の取り付け位置に注意しなければなりません。もし吊り戸棚上部と天井に光源が仕込める隙間が20cm以上あれば、手元灯と同じ光質の蛍光灯を取り付けて間接照明にし、部屋全体を明るくすることもできます。

　カウンター型のキッチンでは、カウンター面の照明が問題になります。カウンター面上に垂れ壁があれば、そこにやわらかなスポット光の得られるブラケットを、リビングやダイニングから見えないようキッチン側に隠して取り付けます。その他に小型の直付け器具が付くこともあります。

　なお、キッチンがダイニングルームやリビングルームから見える場合、照明器具の光源は他の部屋と光色の違和感がないようにしなければなりません。たとえばリビングルームの照明が白熱灯で統一されているところに、キッチンから蛍光灯の白い光が見えると、何となくその部分が寂しい雰囲気になってしまいます。

サニタリー……
あかりが創るリフレッシュ空間

　ここで述べるサニタリーとは、バスルーム・パウダールーム（洗面所）・トイレの水回り空間をいいます。これらは一日の疲れをいやし、自らを美しくつくり、さらに健康状態をチェックするなど、たいへん重要な空間です。それにもかかわらず、日本の住宅ではなぜか、この空間はおろそかにされているような感があり、照明も例外ではありません。空間をどのように使うかは生活者によって異なるわけですが、そんなことはま

キッチンの照明　吊りキャビネットの下面に蛍光灯が配されて、局部照明としてシンクを明るくしている。また別にカウンターもあり、白熱電球の直付け器具3灯で照明している。隣接するダイニングルームで座っている人の視線からランプが見えないように、器具選定に配慮する。

ったくお構いなしで、明るさを優先した機能照明に終始しているような気がしてなりません。

　湿気の多いパウダールームや、バスルームに使用される照明器具は、構造的に防湿型でなければならないため、選べる器具のデザインは限られてしまいます。防湿型器具は主にグローブやカバー付きのデザインが多く、拡散光の照明は柔らかな雰囲気を空間につくりだしますが、それ以上の効果はあまり期待できません。

　したがって、水回りの内装や什器には、光沢のあるもの、たとえば、ガラス、タイル、鏡などが多く使われます。ここに照明器具が映りこんだり、照明光が反射したりすると、空間は不快なグレア光によって、たちまちリラックスに必要な雰囲気を消失させてしまいます。

　どうせ映りこむのであれば、小さな輝きがたくさん反射する方が心地よいグレアになります。したがって、経済的に許されるのであれば、高ワットの器具を1灯選ぶのではなく、低ワットの器具を複数灯選ぶという考えもあります。

　パウダールームの照明は、鏡に対したときに、顔が明るく、そして美しく見えることが大切です。そのために、顔面（鉛直面）照度で200lx以上の明るさが求められます。一般に、器具は、鏡面上かその側面に2灯用以上のブラケットで対応します。白熱灯であれば40W以下の乳白グローブ器具を目線の上に取り付けます。部屋が広ければ、ダウンライトなどで部屋全般の明るさを補います。

　湿気の少ないパウダールームであれば、防湿ではなく一般の器具が使用できるため、最近では広配光のダイクロイックミラー付きハロゲン電球用ダウンライト器具を選ぶこともあります。ひげ剃りあとや化粧の感じをこまかく見るには、まぶしさのない照明で、より高い明るさが求められるからです。ただし、光源の位

洗面・化粧台の照明　鏡のまわりに小型電球を連続的に配灯する照明をブロードウェイ・ライティングという。表情が豊かに見える照明として評価されている。

バスルームの建築化照明　蛍光灯の電球色を使用して、壁の色を強調している。バスルームのコーニス照明は天井面の防湿処理が厄介なこともあるが、一般的な乳白グローブ器具よりも目に優しく、落ち着いた雰囲気を醸し出す。

身支度の照明　右の4つの図で有効な照明は下段の2種。左上は遮光板の高さによるが、光が無理なく顔まであたるように設計されれば良好。右上は頭上に器具があるため顔面に陰影が強く生じて好ましくない表情に見えてしまう。

トイレの照明　狭い空間と使用頻度の少なさからトイレの照明は簡単な器具で全般を明るくすることに終始してしまうことが多い。しかし逆に少し広くしてインテリアにも懲り、それらが引き立つように照明すると、清潔感や美しさも表現されてマイナス・イメージを払拭させることができる。また、深夜の利用を考えて、調光で明るさが変えられるようにするとよい。ドイツ・フランクフルトのバートフィベル住宅展示場。

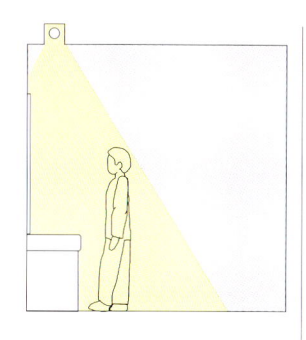

置によっては顔面に強い陰影が生じ、かえって見えにくくなることもあるので注意が必要です。

　バスルームの照明は、体を洗うだけの機能しか考えていないのであれば、空間を明るくみせればよいのですが、ライトアップされた庭を見ながらゆったりと時間を過ごすとか、ここで防水型のテレビを見るなどの生活を考えているのであれば、明るさ以外の演出が求められます。後者の場合、照明器具や内装がガラス窓に映り込まないように、集光型の防湿型ダウンライトで、主要な部分のみを明るくします。

　トイレは比較的狭い空間が多いため、普通は空間全般を少しでも広く見せ、清潔なイメージに保たれる明るさが望まれます。通常視点では天井が見えないので、照度のとれそうな安価な天井灯器具が付けられます。健康状態を排泄物の色を見てチェックする必要のある人にとっては、便器の中まである程度、明るく見える照明も必要になります。

第6章　住宅の照明設計

寝室……明るすぎず、暗すぎず

寝室は、誘眠効果を高めるためにふさわしい環境であることが望まれます。そのためにも、必要以上の照度や輝度は避けなければなりませんが、一般に日本の寝室照明は明るすぎます。JISの照度基準でも部屋全般は10〜30lxでよいとされていますが、現況は明らかにそれ以上と思われます。

なぜ日本の寝室の照度は高いのか。これにはいくつかの理由があります。一番の理由は、日本にはベッドが普及するまで寝室という概念がなく、部屋が多目的に使われてきた背景があったからだと思います。その名残りから、部屋をまんべんなく照らすシーリングライトが普及したと考えられます。このような器具は照明メーカーのカタログによっては何畳用という目安がついており、この目安にしたがって選んでいる人が多いと思います。カタログに載っている、部屋の大きさに対するワット数表示は、メーカーにもよりますが、私の知るところでは、蛍光灯で100〜200lxくらいの照度を想定しています。これをJISの基準にあてはめると、かなりの明るさになってしまいます。

主寝室はスタンド器具2〜3灯で、空間機能を満足させることが可能です。それだけでは明るさの不安がある場合、調光器付きのダウンライトを加えたりします。このときダウンライトは、ベッドに横になった人の視線にグレアを感じさせない位置に付けるか、光の照射角度が変えられるタイプを選ぶとよいでしょう。

私は過去、主寝室の照度をJISの基準の高めをとって設計したにもかかわらず、暗いといわれたことがありました。ベッドでの読書には十分な局部照度を得ても、部屋全般の暗い感じが好まれなかったようです。しかし最近は局部的に照度が確保されていれば、全般に暗めに設定してもクレームにならなくなりました。

寝室照明 ド／ユニバーサルダウンライトとナイトスタンド器具の併用照明。傾斜している壁はテーブルスタンドの光によって圧迫感を和らげ、天井との境の平天井部にユニバーサルダウンライトを一列に配灯することで見た目の効果を上げている。さらに枕もとに光があたらないように光の方向を調整することにより、さまざまな雰囲気を作り出すことも可能である。ドイツ・フランクフルトのバートフィベル住宅展示場。

寝室照明　上／一般に寝室はあまり刺激のない光で照明されることが望まれている。この部屋はグローブ器具による照明だが、調光器によって明るさが変えられるようになっていて、器具の輝度は就寝前の視覚にふさわしい輝きに調整される。少し疲れているとグローブの優しい輝きを見ているうちに、すぐに眠くなる効果が期待できる。右上／コーブ照明とナイトスタンド器具の併用照明。コーブ照明は天井の反射率と仕上げにもよるが、一般に拡散反射材で少し反射率を抑えた天井であれば目に優しい光になり、寝室の雰囲気を高めるために効果的といえる。壁の鏡はコーブ照明と一体になって部屋を広く見せる効果につながっている。

人間の体内時計は、自然光に影響を受けながら機能しています。電灯照明が普及してから、私たちは屋内で生活することが時間的に長くなっています。そのため、現代人は昼夜を問わず人工照明の同じような光を浴びて、体内時計がうまく働かなくなりつつあるのではないかと言われています。したがって、明るすぎて白い光色の寝室に長くいるとメラトニンという誘眠を促すホルモンが抑えられ、睡眠障害に陥る心配が考えられます。

ホテルの客室同様、ベッドルームにシェード形スタンド器具は定番です。実際、シェードの形や色の選定で部屋の雰囲気が変わります。一般にシェードは、透過性の素材であれば白かアイボリーが無難ですが、インテリアの状況を見ながら、その他の色で変化を求めるのも一考です。

シェード形器具をベッドのヘッドボード奥の台に置く場合、台の幅を計って、シェードやベースが大きすぎて壁にぶつからないように器具の寸法をチェックして選ばなければなりません。カタログの器具写真ではデザインに気が奪われ、つい寸法を見落としてしまうことがありますので、注意が必要です。

照明回路は、部屋の出入り口とベッドサイドからの

2か所で点滅できるように、3路スイッチがすすめられます。また広い庭を持つ家は、ベッドルームから庭の照明が点滅できると便利です。夜中、外で不審な物音がしたときなどに、ベッドからすぐに庭の明かりがつけられれば、それによっての防犯効果が大いに期待できるからです。

和室……伝統の空間を現代のあかりで

　日本の古灯器は、何世紀もの長い時間をかけて、伝統的な日本家屋にあうようにデザインされてきました。とくに江戸時代に入って、今日のフロアスタンドに相当する置き行灯から、ブラケットの掛け行灯、ペンダントの吊り行灯などが豊富にデザインされました。裸火でも1灯あたり10lm前後といわれる暗い光ながら、空間用途を意識した使い方が考えられていたのです。

　洋室中心の生活になった今日でも、趣味の空間として、和室の存在があらためて見直されるようになっています。とくに茶室とか新和様、和洋折衷といわれる空間は、洋室とは異なる興味深い照明を可能にします。

　イサム・ノグチの「あかりシリーズ」は100点ほどのデザインがあり、そのうち私は半分以上見ていると思いますが、伝統的なデザインである提灯の形状を単にアレンジしただけでなく、竹ひごと和紙であのような形状がよくできると思うほどの形もあります。「あかりシリーズ」はおもにペンダントと置き型になりますが、大型の器具を除けば価格も魅力的です。

　以前、天井高8mで20畳くらいの広さを持つリビングルームに直径500㎜の「あかり」の提灯3灯をランダムに吊り下げて使用したことがあります。洋室にもかかわらず、とてもよく調和して好評でした。ところが、エアコンから吹き出る風で器具が揺れるというクレームになってしまいました。器具が軽くて大きいためで、エアコンの風に気づかなかったことに反省しき

りです。普通の天井高であれば、よほどエアコンの近くに灯具がこないかぎり、このような問題はないのですが、5m近くの長さに吊り下げたことも揺れの原因と思っています。

洋室にイサム・ノグチの提灯が合うように、和室でも欧米の器具が合わないことはありません。もちろん、器具の素材や色を含めたデザインによりますが、積極的に挑戦してみてもよいかと思います。また、日本の有名なデザイナーが産地の違う和紙を使ってデザインに特徴を出していたり、モダンにデザインされた和風器具も市販されています。

床を畳のほかにフローリングや天然素材の敷物にしたり、明かり障子を基本にしながらも壁をコンクリート打ち放しや新素材を使ってモダンにした和室も見られます。このような空間ではダウンライトやスポットライト、あるいは建築化照明でも雰囲気がだせますが、それに上記の和風を感じさせる輝きが少しでも加わると、さらに興味深い空間が生まれます。

なお天然素材の多くは、短波長の可視光と紫外線のエネルギーによって、変色をおこすことがあります。一方、室内に紫外線が散乱していると、それが目に見えなくてもイライラ感を与えるといわれていますが、これらの素材は紫外線を吸収しますので、独特の落ち着き感を空間に与えてくれます。

和室のように比較的天然素材を多用しているインテリアは、低い色温度の光源が古風な雰囲気を高めてくれます。そこで、真新しい部屋でも少し古びた落ち着き感を表現したいのであれば、できるだけ白熱灯を使うか、蛍光灯でも電球色の使用をすすめます。

子供部屋……個々の現状に合わせて変化を

子供部屋は、その子供の年齢、性別によって照明の考え方が異なります。幼児と受験を控えた高校生の部

和室の光と影 色温度2200Kの光源で、ろうそくにより近い暖かな光が天井の間接照明を担う。床の間の光とあいまって空間をより広く見せ、落ち着いた雰囲気を創る。そして明り障子に竹の葉影を映り込ませる遊び心の光が加わったとき、施主はここがいちばん落ち着くという。建築設計／妹尾正治建築事務所。

屋が、同じくくりで子供部屋という扱いはおかしな話です。このことは子供が成長していく過程で、照明も変化していかなければならないことを意味します。

アメリカ・ペンシルヴァニア大学の研究によると、2歳くらいまでの乳幼児を薄暗い寝室で寝かせると、成長してから近視になりやすいということです。真っ暗な部屋の方がよいらしいのです。

また、仰向けの姿勢にある赤ちゃんにとって、天井に煌々と光るシーリングライトはどうかと思います。視覚の未完な乳幼児にとって、シーリングライトの間に入る母親の顔は見えにくいに違いありません。親の顔がよく見えないことは、不安につながることと思います。

2歳以上から10歳くらいまでの幼児期は視力の発達段階にあり、とくに目を酷使する勉強やテレビゲームのための照明には、その内容と時間に応じた、質と明るさが求められます。内装色に気配りした部屋では演色性を考慮した照明で、室内の輪郭がよく見えるようにします。

中学生から大学生が勉強のために使う部屋の照明は、かなり細かな視作業のことを考えると、オフィスのように、机上面で局部的に500〜1000lx得られるようにすることがすすめられます。また、視作業の内容に応じて、できるだけ明るさが変えられるとよいでしょう。白熱灯であれば50〜100W用アームスタンドがすすめられます。また机上面の照度が確保されても、部屋全般が真っ暗では目が疲れます。私たちの目は明るさと暗さを同時に慣れることができないためで、少なくとも机上面の照度に対して周辺照度は3分の1から10分の1くらいあることが望まれます。

子供は小さなうちから、よい光環境のもとで生活させることが重要です。子供たちをほうっておくと、暗いところでも平気で本を読んでいることがあります。

上／**子供部屋のダウンライト** 子供の視力は10歳くらいまでは未完成なので、全般に明るくグレアレスや高演色性を考慮した質の高い照明が求められる。

下図／**勉強のための照明** 上は良好だが、下は白熱灯ダウンライトでは手暗がりをつくりやすいので、リフレクター形スタンドを机上面に置く方がよい。

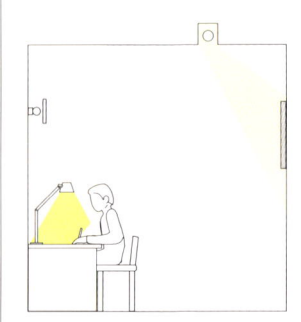

照明[あかり]の設計

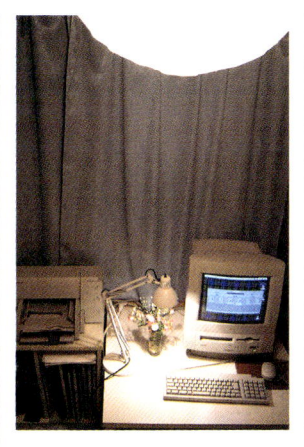

パソコンのための照明 上／6畳の部屋に白熱電球100W用の「あかり」と、12V20Wハロゲン電球用リフレクター形スタンドの併用。全般の平均照度は30〜40lx、キーボード面は約300lxで良好。
下図／上はバランス照明の光がキーボードに十分あたらない可能性がある。下は作業面周辺の壁面が暗く、明るさの対比で目が疲れやすくなることも考えられる。

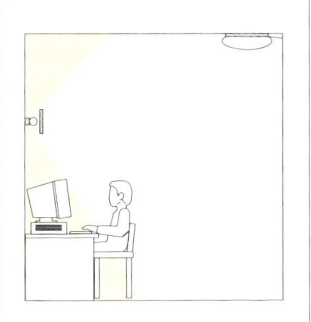

それをまた親が見て平気でいられるのも、照明についての関心や認識が低いあらわれと思われます。これからは目の悪い子供を増やさぬよう、インテリアコーディネーターなども照明と視力の関係を施主にしっかりと説明のできる力量が求められるでしょう。

書斎……電子時代の照明計画

ある程度の年齢になると、自分の書斎を持ちたいという願望に駆られようです。実際、家の設計に書斎が増えているようですが、この部屋の照明は単に視作業の能力を高めるだけではなく、仕事に疲れた神経をいやすための効果も求められます。最近、書斎での視作業内容がパソコンの普及によって変化しており、目も相当に酷使されていると思われます。さらに使用者の高齢化にともない、照明の質的改善への関心が年々高まっています。とはいっても、視作業の照明は、照度とグレアレスが他のいかなる照明要素より重要であることには違いありません。

私自身も40代後半を過ぎてからめっきり小さな字が読みにくくなり、今では書類やキーボード面の照度が300〜1000lxくらいはないと、目が疲れます。一般に、作業面に十分な明るさ感を得るために、部屋の全般照明のほかに、机上に反射鏡付きのアームスタンド器具で補います。アームスタンドは光源の高さと方向が調整できるため、それによって机上面とその周辺に強いコントラストが生じないようにします。

視作業のためによい照明は、照度以外に照明の質が求められます。学術的にも、照明の質が視力や眼精疲労に深い関係のあることが証明されています。

照明の質については、グレアや演色性、光源の色温度が関係します。とくにグレアは反射グレアに注意しなければなりません。反射グレアとは、ある面に光源や照明器具が映り込んで生じる、まぶしさのことです。

第6章　住宅の照明設計

たとえば、光沢のある紙面やCRTディスプレー面に照明器具の発光部や光源が映り込むと、文字や画像がいちじるしく見えにくくなることがあります。このような現象を光幕反射グレアといい、これを未然に防ぐため、照明器具の選定や配置に配慮しなければならないのです。

しかし、そこまで気をくばって設計しなくとも、紙面やディスプレーの角度を変えれば反射グレアは消えるので、多くの人はあまり問題視していません。往々にして人は目に見えてひどい照明でないかぎり、多少質の悪い照明下でも目が慣れてしまえばあまり意識しないのが普通です。長い年月が経過していく中で視力の低下や眼精疲労が起きはじめてから、もしかしたら照明のせいかと気にするのです。

電子時代の書斎では情報量が多い分、質の高い照明を求める人が増えています。よい眼鏡を購入するように、少し高価な器具でもその光がよいと感じれば人は求めます。いま、直流点灯形の白熱灯スタンド器具が注目されています。これは光にチラツキがなく、まるで朝日のようなさわやかな光色で、目の疲労を少なくおさえることができるものです。

庭……ロマンをつくりだす照明

北アメリカの高級住宅は、庭に10灯から30灯の照明器具を使うそうです。本当にそれほどの器具が使われているか信じがたかったのですが、以前ロサンジェルス郊外の高級住宅を見学したとき、確かにそのくらい付いていました。なぜアメリカでは、これほど庭の照明に関心があるのでしょうか。

まず考えられることは、安全や治安維持のためです。不審者の行動心理から、彼らは明るさを好まないことはすでに実証されています。次に生活者にとって庭は室内環境の一部であり、その景観を夜も大切にしてい

中庭の照明 コーナーに植樹された竹は12V20Wのハロゲン電球地面差込型スポット器具で、高さ約8mの柱は12V35Wハロゲン電球地中埋設型器具で、アッパー照明されている。コーナーと中央の柱の照明が空間に奥行きと高さを強調している。建築設計／妹尾正治建築事務所。

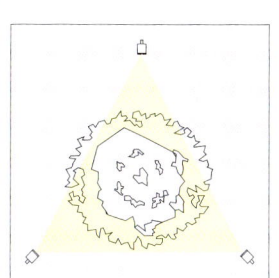

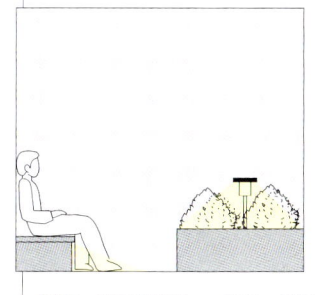

樹木・低木の照明　一般に、肉厚で大きな葉をもつ木は、幹から離れた所から葉の側面を照らすようにする。薄く細かな葉は光をよく透過するので、幹の近くから光が葉の裏面にあたるように照明すると効果的である。

るからでしょう。広い庭にはプールがあり、木々が生い茂り、そして季節の花が咲きほこっています。そのような風景が夜、照明によって浮かび上がる様子はとても美しいものです。

日本では広い庭のある家でも、治安がよいことと高い塀によって外部と遮断されているため、アメリカほど照明にこだわりがありません。ほとんどの家では庭の照明といっても玄関灯やポーチ灯を兼ねてしまうことが多く、庭園灯を選んでもせいぜい2～3灯です。ひところ、豪邸の庭は3～4mくらいのポール高を持つグローブ器具や投光器などの使用で、庭を全般的に明るく照明していたこともありました。このような暗がりのない照明は空間に奥行き感も出ず、それはまるで脱走犯を見張る刑務所の庭の光のようで変です。

夜の庭は美しい対象が照明で浮き立つことで、空間に広がりと潤いが与えられます。昼間の自然光で照らされているように均一で明るい照明は避け、光で強調したい対象である樹木や低木、花、庭石などが暗闇か

らほのかに浮き上るようにすることで、空間にロマンが生まれます。このような照明の実現には、できるだけ小さな照明器具で、しかもそれを葉影や茂みに隠し、日中でもその存在が目立たないようにすることが望まれます。

　庭用の照明器具は、防雨型でなければなりません。そして、それらの器具は常に雨風の厳しい環境下で使われるため、素材や仕上げが吟味されていて、汚れの生じにくい構造のものを選ばねばなりません。今まで庭園灯は100V用が主体でしたが、今日では12Vの低電圧用器具が一般化されつつあります。この種の器具は小型で照明の演出性に優れているところから、最近注目されています。たとえばスポットライト器具は、従来のPAR型電球100Wに相当する明るさが、およそ35W～50Wのダイクロイックミラー付きハロゲン電球用器具で得られます。また器具の容積も3分の1くらいですみ、しかも器具自体の漏電に対する電気的安全性も高いのです。

　庭は樹木や花の照明が主体になります。樹木といっても種類が多く、木によって効果的な光のあて方があり、また木のある状況によって演出方法が異なります。たとえば、葉の小さな木は上方から照明して木陰を地面に映すムーンライト効果、池やプールの回りにある木は水側から光をあてて池に明るく照明された木を映り込ませるミラー効果、光によって樹木の葉が舞い上がるようなウェールライト効果など多彩です。

　私自身、住宅で庭の照明設計をおこなったことは、モデルルームを除いてありません。しかし、ホテルでは何回か外構照明を設計したことがあります。その際オーナーやクライアントから、
「落葉する木を下から照明してどうするのか」
「この木は幹のところがあまり綺麗ではないので、照明しないでほしい」

「空に無駄な光が放たれるライトアップより、ライトダウンの方がよい」

など、結構きびしい注文がありました。りっぱな庭園をもつホテルのオーナーには植物に詳しい人が多く、オーナーに対して説得力のある照明の説明をおこなうため、私たちは植物に対してもいろいろと勉強しなければならないのです。

[参考] リビング・ダイニングルームにおけるJIS照度基準の解釈　図の照度は視作業面レベルの水平面を指す。視作業面とは座業で床上40cm、廊下や階段は床面、その他はとくに指定がなければ床より85cmの位置である。図で色の濃い部分は局部照明による照度で全般照明との併用で得てもよい明るさ。全般照明の照度に対して食卓や読書面などの局部的に数倍の明るい場所をつくることをJISではすすめている。これはものをよく見せるだけではなく、室内に明暗の変化をつくることで平坦な雰囲気にならないようにという考えである。記号は、JISの屋内配線用記号（JIS C0303-1984）から。

居間は調光可能が望ましい

全般照度
30〜70lx

団らん・軽い読書
150〜300lx

全般照度
50〜100lx

食卓
200〜500lx

全般照度
の数倍の
明るさ

○	一般照明用白熱灯	ⓛ	シーリング・直付け	●	点滅スイッチ
⊖	ペンダント		一般照明用蛍光灯	♂	調光スイッチ
◎	ダウンライト		壁付け蛍光灯	⊙	コンセント
◐	ブラケット				
ⓗ	シャンデリア	•₃	3路スイッチ（2ヶ所から点滅）		

第6章　住宅の照明設計

第7章
住宅照明の実例

集合住宅の照明計画

　埼玉県の朝霞駅から徒歩2分の立地に建つ5階建ての店舗つきワンルーム賃貸住宅（建築設計／佐川旭建築研究所）。延床面積は約250㎡で、そこに8つの賃貸ルームとバーが併設されています。一部屋一部屋が狭いため、光でできるだけ空間を広く見せ、さらに雰囲気のよさを感じさせることに目標をおいて照明計画をしました。

　ファサードは丸柱のライトアップをウエルカムライトとして、ガラスの扉越しになかの通路がよく見える照明を演出しています。

　1階通路と各階の階段室（共用スペース）は電力費やランプメンテナンスなどを考慮して蛍光灯の間接照明とし、各部屋の内部も蛍光灯主体の照明を考えました。

　通路は、壁厚のある側の壁面を一部彫りこんで、そこに電球形蛍光ランプを内蔵しました。ランプは直接目に触れないようパンチングメタル（透過率50%）で隠し、さらにメタルとランプの間にアクリルワーロン紙を挟み、季節によってワーロン紙の色を桜色（春）、若葉色（夏）、イエローオレンジ色（紅葉・秋）などと差し替えられるように考えました。若葉色のワーロン紙を挟んで照度測定したところ、床面で約80lxが確保できました。

入口の照明　この建物のアクセントカラーであるピンク色の柱がアップライトで照明され、ダウンライトとの併用で夜は歓迎的な照明効果をもたらしている。器具配灯図のA、B器具による。

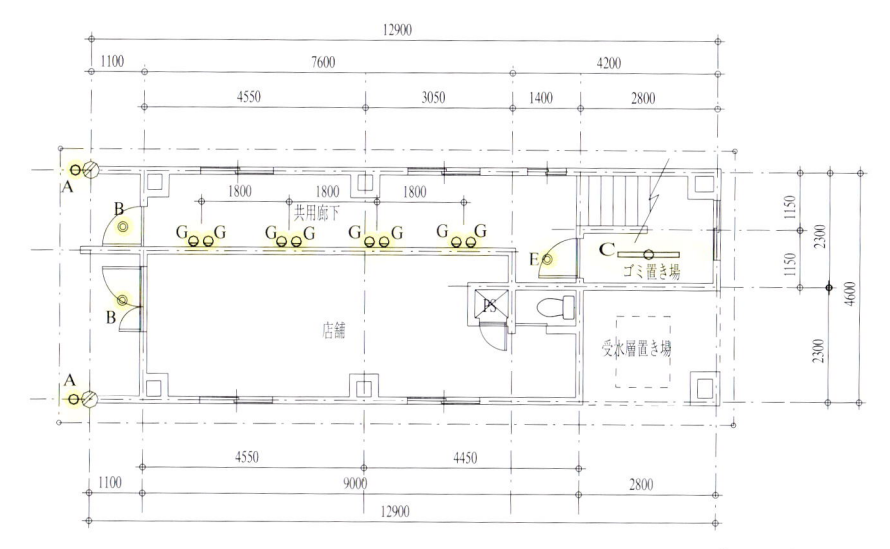

1階平面配灯図　1/150

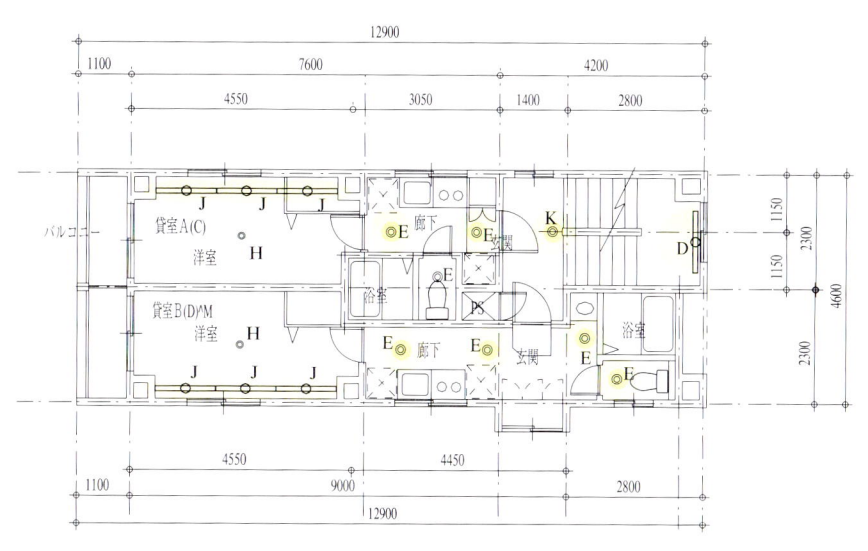

2階平面配灯図　1/150

器具配灯図　2階から5階の各部屋はほとんどが蛍光灯コーブ照明と白熱灯ダウンライトからなる。照明の主体は階段が壁面、部屋の廊下は床面、部屋は天井面と光る面がそれぞれ異なるように考え、単調にならないようにしている。

　階段室については、エレベータがないので、とくに4～5階まで歩いて昇る人にとって、単調な雰囲気にならないよう、光の変化を表現しました。それは、バランス照明の遮光板の内側をカラー塗装することで、

A

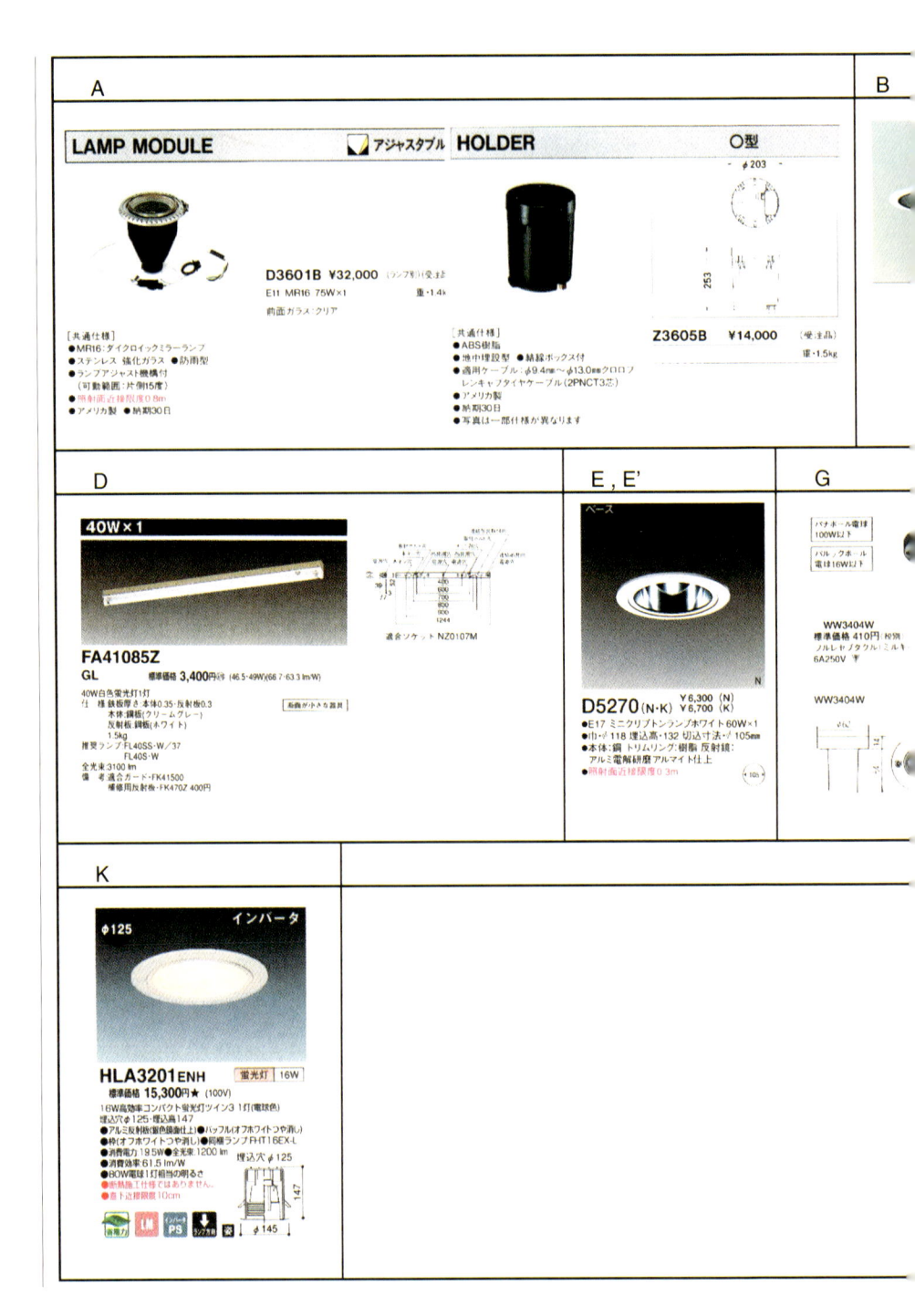

LAMP MODULE　　アジャスタブル　**HOLDER**　　○型

- φ203
- 253

D3601B ¥32,000 （ランプ別）（受注品）
E11 MR16 75W×1　重・1.4kg
前面ガラス：クリア

[共通仕様]
- MR16：ダイクロイックミラーランプ
- ステンレス 強化ガラス
- ランプアジャスト機構付
 （可動範囲：片側15度）
- 防雨型
- 照射面近接限度0.8m
- アメリカ製　●納期30日

Z3605B ¥14,000 （受注品）重・1.5kg

[共通仕様]
- ABS樹脂
- 地中埋設型　●結線ボックス付
- 適用ケーブル：φ9.4mm～φ13.0mmクロロプレンキャブタイヤケーブル（2PNCT3芯）
- アメリカ製
- 納期30日
- 写真と一部仕様が異なります

D

40W×1

FA41085Z
GL　　標準価格 3,400円/セット （46.5・49W（66.7・63.3 lm/W））

40W白色蛍光灯1灯
仕　様　鉄板厚さ：本体0.35・反射板0.3
本体：鋼板（クリームグレー）
反射板 鋼板（ホワイト）
1.5kg
推奨ランプ FL40SS・W/37
FL40S・W
全光束 3100 lm
備　考 適合ガード：FK41500
補修用反射板：FK470Z 400円

適合ソケット NZ0107M
布面がいさな器具

E, E'

ベース

D5270（N・K）¥6,300（N）
　　　　　　　 ¥6,700（K）

- E17 ミニクリプトンランプ／ホワイト60W×1
- 中・φ118 埋込高・132 切込寸法・φ105mm
- 本体：鋼 トリムリング：樹脂 反射鏡：アルミ電解研磨アルマイト仕上
- 照射面近接限度0.3m
- (10h)

G

バーネホール電球
100W以下
バーネホール
電球16W以下

WW3404W
標準価格 410円 ／個別
ソケレヤノタクル／ミルキ
6A250V 〒

WW3404W

K

φ125　　インバータ

HLA3201ENH　　蛍光灯 16W
標準価格 15,300円★ （100V）

- 16W高効率コンパクト蛍光灯ツイン3 1灯（電球色）
- 埋込穴φ125・埋込高147
- アルミ反射板（銀色電着仕上）●バッフル（オフホワイトつや消し）
- 枠（オフホワイトつや消し）●同梱ランプFHT16EX-L
- 消費電力 19.5W ●全光束 1200 lm
- 消費効率 61.5 lm/W
- 60W電球1灯相当の明るさ
- 断熱施工仕様ではありません。
- 垂下注意限度10m

埋込穴 φ125

147

φ145

照明[あかり]の設計　　　　158

C

40W×1

40W直管白色蛍光灯
FL40S・W
FL40021
オープン価格
● 色温度　4,200K
● 演色性　Ra 61
● 寿　命　12,000h

FA41002
GL　　標準価格 4,300円 (46.5・49W/66.7・63.3 lm/W)

40W白色蛍光灯1灯
付　様 鉄板厚 本体0.35・反射板0.35
点滅方式・1灯・角(GPL)・本体塗装鋼板
反射板 鏡面(ホワイト)・2.5kg
掃替ランプ FL40SS・W/37
　　　　　FL40S・W
全光束 3100 lm
別　名 適合ガード FK41550
　　　 機構用反射板(GPLを除く)・FK438　1,600円

適合ソケット L342Y

D5065 (B・W)　¥5,500
(ランプ別)

Photometric Data

D5065B
高輝度カット用ビームランプ
120W(150V用)・器具効率64%
27°

H

WG4005W　丸型引掛シーリング
WG4005Y

(税)WG4005W 標準価格 330円 (税別)
丸型引掛シーリング(ミルキーホワイト)
(送り端子付) 6A250V ～

品　番	品　　名	定　格	標準価格(税別)
(税)WG4005W	丸型引掛シーリング(ミルキーホワイト)(送り端子付)	6A250V ～	330円

J

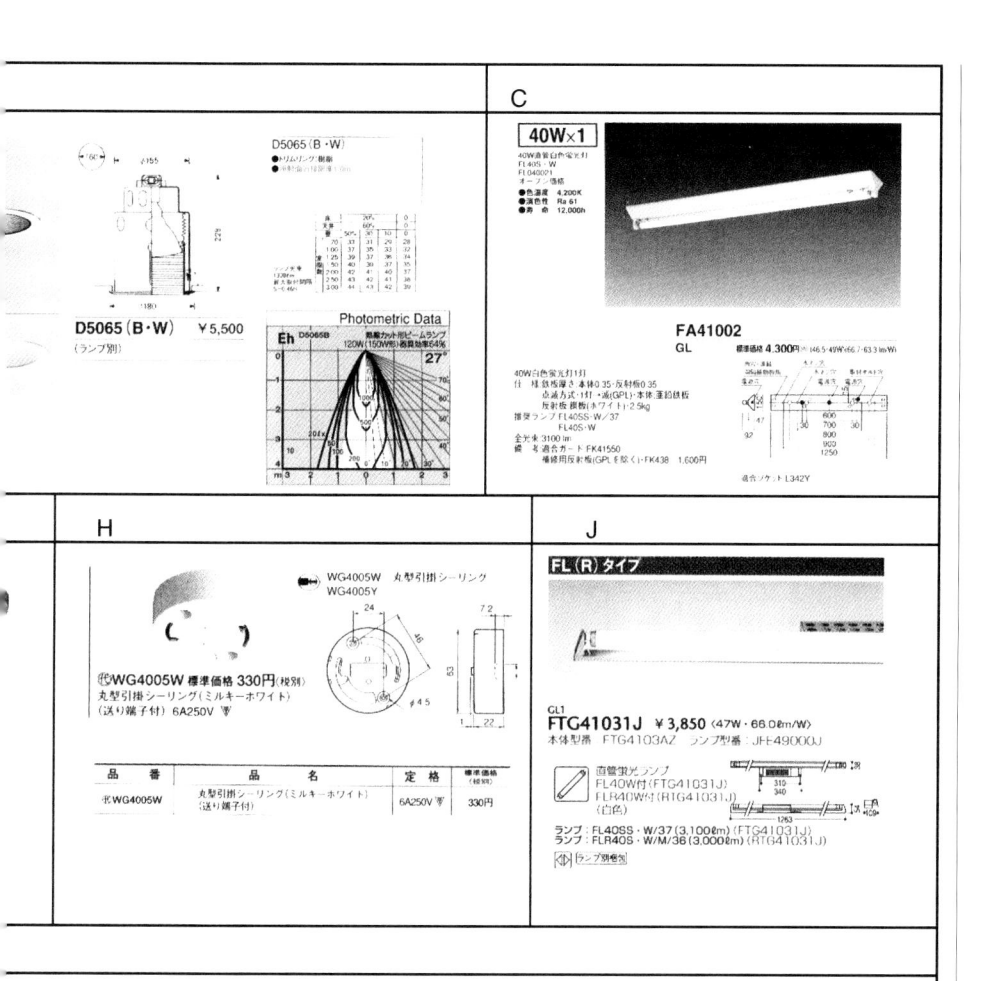

FL(R)タイプ

GL1
FTG41031J ¥3,850 (47W・66.0lm/W)

本体型番　FTG4103AZ　ランプ型番　JFE49000J

直管蛍光ランプ
FL40W付(FTG41031J)
FLR40W付(RTG41031J)
(白色)

ランプ：FL40SS・W/37 (3,100lm) (FTG41031J)
ランプ：FLR40S・W/M/36 (3,000lm) (RTG41031J)

(ランプ別価格)

器具選定表　この表では照明器具の姿図だけではなく、B器具は配光曲線図や照明率表など照度計算に必要なデータを載せている。またC、D、J器具は蛍光ランプを電球色に指定した。またGのレセプタクルホルダーはE26ソケットのランプが取り付けられるもの。

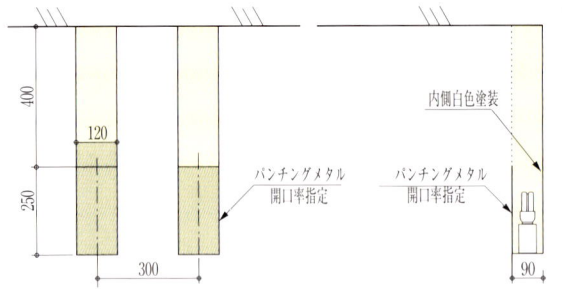

1階共用廊下間接照明

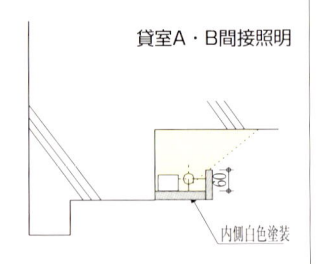

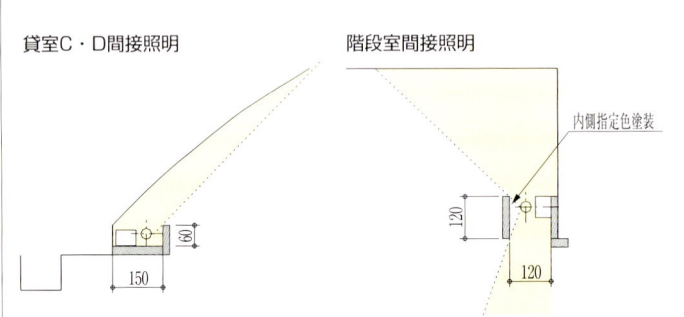

貸室A・B間接照明

貸室C・D間接照明

階段室間接照明

反射した色が窓側の壁にうっすらと光の色で染める形としたものです。

　また、各階で色味の違う光が感じ取れるようにも演出してみました。通路の色味（アクリワーロン紙の色）に比べて階段室の光色は弱いため、結果的に通路と違和感なく溶け込んでいます。

　ワンルーム（賃貸スペース）の照明は、各部屋とも電球色の蛍光ランプを使用したコーブ照明を付けて、部屋全般を平均120から150lxの明るさにしています。これは全般照明として十分で、局部的に明るさの必要なところは、置き型器具などで対応できるようにしています。こうすることで、外部からこの建物の窓明かりを見たとき、ある種の光の統一感を表現しようと考えました。

建築化照明の詳細図　建築化照明や器具の姿図がカタログにない特殊な照明に関してはこの様な詳細図が必要になる。この場合、光のイメージをできるだけ表現できるようにすることが望ましい。詳細を書くにあたっては、とくに器具から放射する熱によって造営材が痛んだりしないよう、安全な距離関係を確認しなければならない。そこでメーカーカタログに載っている照射面近接限界距離を参考にしたり、場合によってはメーカからの技術支援を受けながら決めていくことが望まれる。

階段室の照明 器具配灯図のD器具による。1階から5階までのバランス照明の遮光板の内側をカラーで塗装して、空間に変化をもたらしている。左はイエロー、右はブルーの例で、空間にそれらの色の反射光を感じる。

各部屋の照明 蛍光灯のコーブ照明を主体にしているが、5階だけは天井がアーチ天井で、天井の高さがより強調される照明効果となっている。コーブ照明器具は器具配灯図のJ器具による。

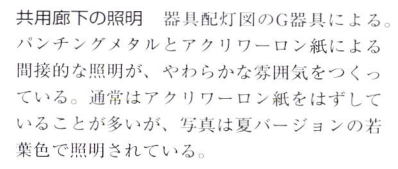

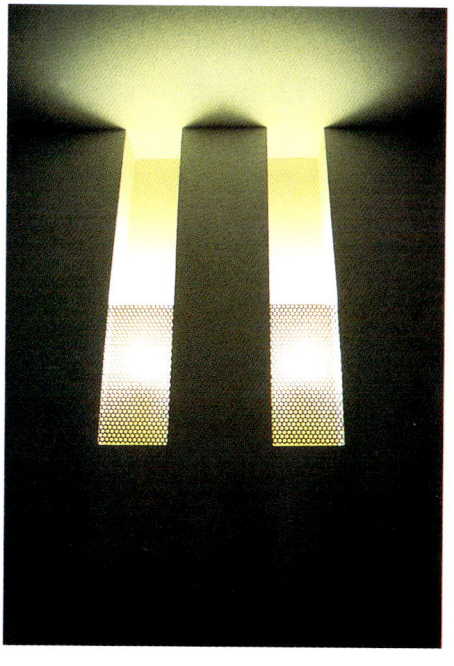

共用廊下の照明 器具配灯図のG器具による。パンチングメタルとアクリワーロン紙による間接的な照明が、やわらかな雰囲気をつくっている。通常はアクリワーロン紙をはずしていることが多いが、写真は夏バージョンの若葉色で照明されている。

第7章 住宅照明の実例

店舗併用住宅の照明計画

　三重県津市の住宅街に建つ、美容院併用住宅(建築設計／TKO. architects)です。延床面積は約180㎡で、そのうち美容院の面積が約70㎡。美容院内部は二層吹抜けで、周囲の壁と天井は乳白の中空ポリカーボネートによって覆われ、均質な空間となっています。このため照明はできるだけ建築化照明を採用し、建築のコンセプトを損なわないよう配慮しました。

　また、この中空ポリカーボネートは透過率が80%で、昼間は昼光を取り込み、夜間は逆に室内の光を外に放

左／建物の夜景　透過率の高い中空ポリカーボネートをとおして内からこぼれ出るような光は、建物全体をまるで巨大な照明器具のように輝かせる。写真／岡村裕次

器具配灯図　ワイヤー照明システムや建築化照明はJISの屋内配線用記号がないので、器具の感じが分かるように図のような表現をしたが、もっとわかりやすい表現があればこれに従う必要はない。

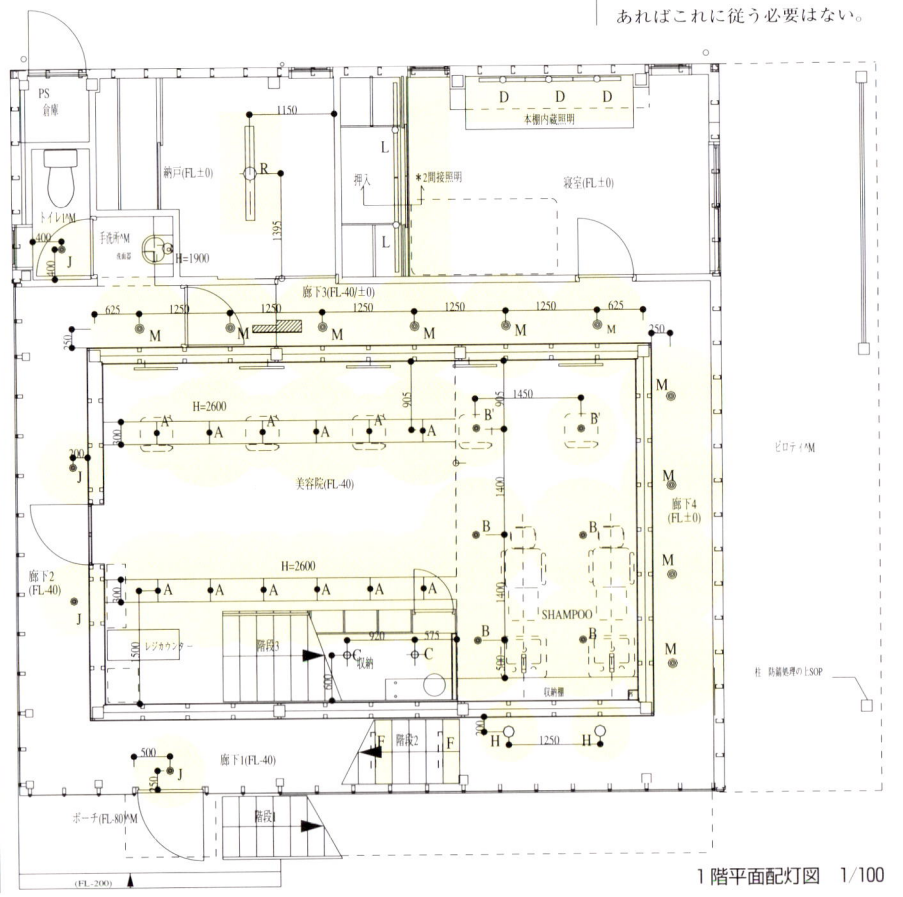

1階平面配灯図　1/100

射して建築そのものを照明器具のように淡く輝かせ、地域のランドマークとして機能することも要求されました。

　美容室内の照明は、壁面および天井面ともに中空ポリカーボネート仕上げのため、照明器具を直に取り付けることが難しく、ロフト部分を除く吹抜け部分には、12Vのワイヤー照明システムを採用しました。ワイヤーは、カットスペースに対して平行に2列配置し、手元灯としての機能的な光が必要な部分には、下向きに器具を設置し、それ以外の部分は上向きに器具を設置して、ワイヤーシステム照明のみでタスク・アンビエ

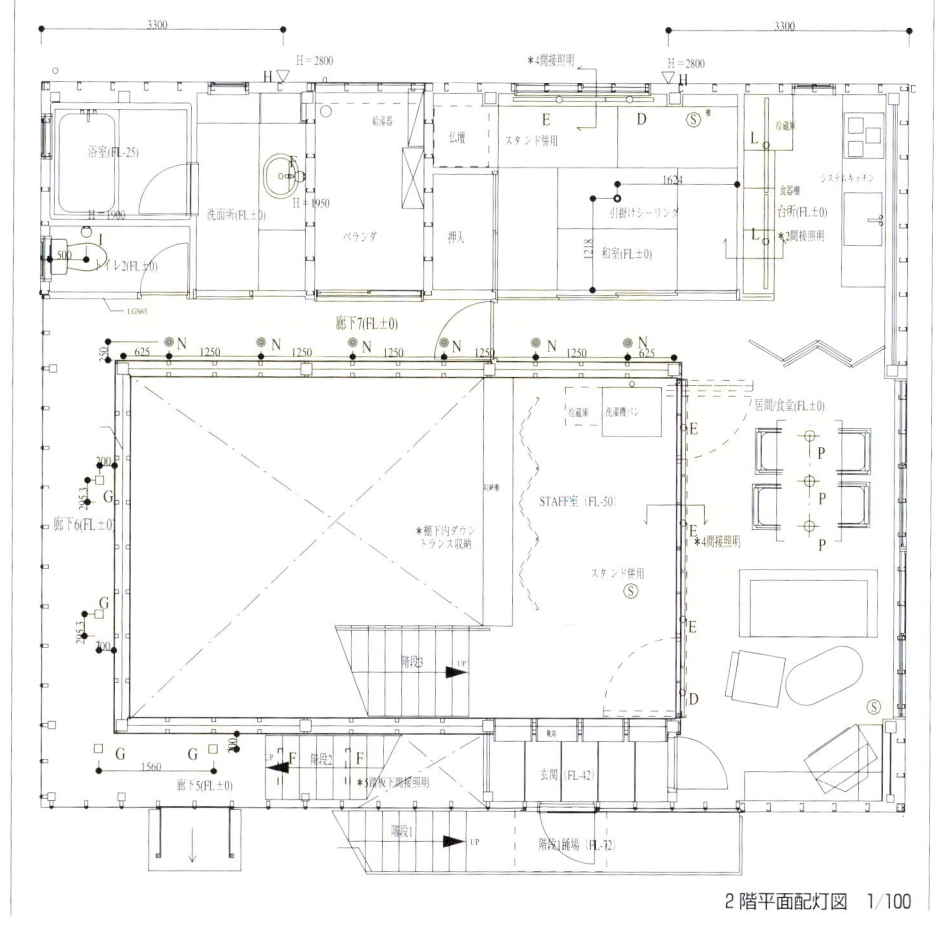

2階平面配灯図　1/100

第7章　住宅照明の実例

ダイニングルームの照明　左はコーニス照明のない状態、右はコーニス照明を加えた場合で、空間に拡がりが出てくる。写真／岡村裕次。

ント照明を実現させています。

　ロフト下のカットスペースとシャンプースペースには、ワイヤーシステムのランプと同じローボルトハロゲン電球用ダウンライト器具を使用して、照明手法は異なっていても機能的には同質の照明効果を実現させました。

　また、美容室周囲の住宅部廊下には、配光が広い電球形蛍光ランプ用ダウンライト器具を約1.2mピッチで配灯し、通路の照明としてのみでなく、中空ポリカーボネートを透過して美容室内部へもやわらかい光が注ぐよう配慮しています。このようにまったく異なる機能を持つ美容室と住宅部分は、光が透過する壁を通じて、お互いにその存在を感じさせることができます。

　住宅の主要部分にも建築化照明を採り入れていますが、とくにリビング・ダイニングスペースには、コーニス照明をベースにしながら、アクセントや装飾的効果を高めるために、優しく輝くスタンドとペンダントを併設し、インテリアとの相乗効果によって親しみと落ち着きのある照明効果としています。

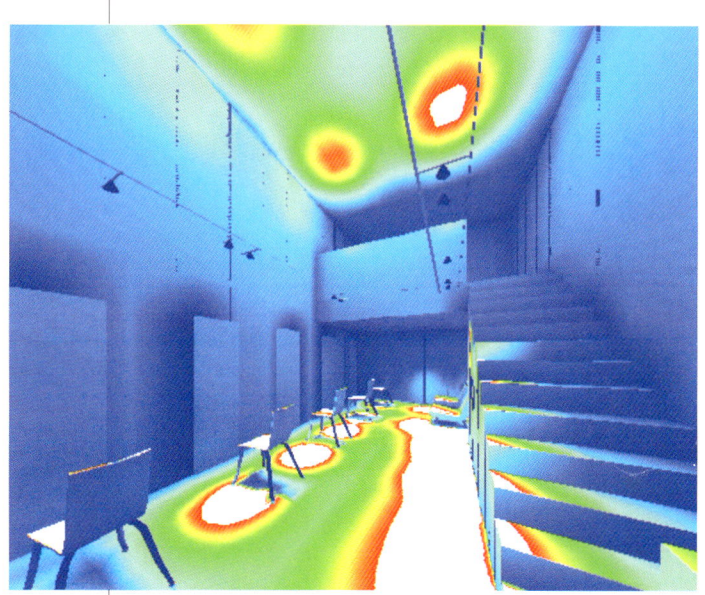

美容室のCGと照度分布シミュレーション　CGの作成と同時に照度分布や輝度分布が求められるソフトを使用。施主やクライアントに対して照明効果を事前に視覚的、数量的に説明することができる。

第7章　住宅照明の実例

A

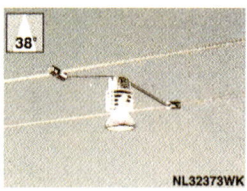

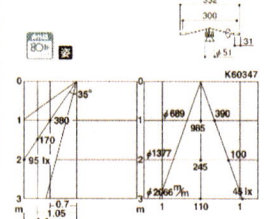

NL32373WK
●標準価格 13,500円★
● アルミダイカスト本体
　(ホワイトレザーサテン仕上)

■共通項目
● ワイヤーシステム用
● 直下吊高限度50cm

NK00860 ●標準価格 8,000円
ワイヤーシステム
幅115・高44・出しろ56・重0.3kg
● プラスチック製(グレーレザーサテン仕上)
● 2コ入
● 単独ではご使用になれません。対のワイヤーシステムも
　しくは天井用ワイヤーシステムを別途お求めください。
● 1回路もしくは2回路用ワイヤーと合わせてご使用くだ
　さい。

NK008
1回路用ワイヤ
● ミニマイス用
● 300W1回路

(A, A') (B, B')

形　式	定格電圧(V)	消費電力(W)	ビーム角(度)	平均寿命(h)	全光束(1m)	中心光度(cd)	色温度(K)	ミラー径(mm)	全長(mm)	口金	標準価格(¥)
JR 12V-50W AKN/5 H	12	50	10	3000	1100	5500	4700	50	50.5	GU5.3	3800
JR 12V-50W AKM/5 H	12	50	17	3000	1100	3000	4700	50	50.5	GU5.3	3800
JR 12V-50W AKW/5 H	12	50	36	3000	1000	1000	4700	50	50.5	GU5.3	3800

形　式	定格電圧(V)	消費電力(W)	ビーム角(度)	平均寿命(h)	全光束(1m)	中心光度(cd)	色温度(K)	ミラー径(mm)	全長(mm)	口金	標準価格(¥)
JR 12V-50W AKN/5EZ H	12	50	10	3000	1100	5500	4700	50	69.5	EZ10	4200
JR 12V-50W AKM/5EZ H	12	50	17	3000	1100	3000	4700	50	69.5	EZ10	4200
JR 12V-50W AKW/5EZ H	12	50	36	3000	1000	1000	4700	50	69.5	EZ10	4200

C

WW3410W
標準価格 330円(税別)
引掛レセップキャップ・ミルキーホワイト
1A125V
E26

D

20W× 
FA2103
EH
GH
NH
20W昼光色蛍光灯
仕　様諸元
反射笠
1.0kg

F

リネストラランプ130V60W
かくさんこう
MB5496-01

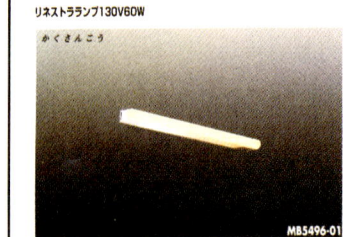

MB5496-01 ホワイト
¥8,300 (電球付)
● リネストラランプ(両口タイプ)
　S14s　130V60W
● 調装仕上
● 重量 / 0.6kg
● 取付けピッチ　250

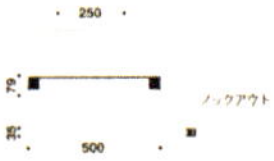

G

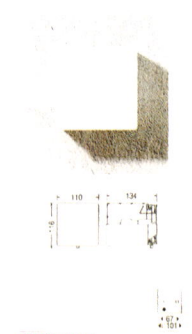

B4033 ¥6,800
E17 K/W 40W×1
屋付・天井付使用可　IP44

H

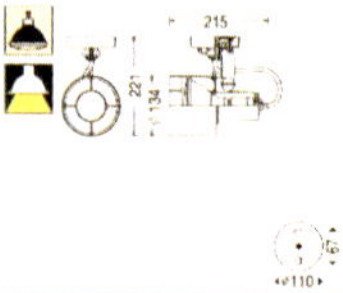

T4027 (B-W) ¥18,500 (ランプ別)
E26 PAR38 150W×1　重・1.5kg
IP55

I

NL8
標準価格
60Wミニ
幅120・高
● アルミ製
● 耐震装
● 木耳

B

MD2797-01 ホワイト
¥9,000 （電球別・トランス付）

- マイクロハロゲン球
  EZ10　12V50W
- 枠／鋼製仕上
  クローム・ゴールドはメッキ仕上
- バッフル／アルミダイカスト
- 電子ダウントランスOP0684別
  （別売）
- 取付け可能な厚み15～15mmです

●埋込穴φ75mm

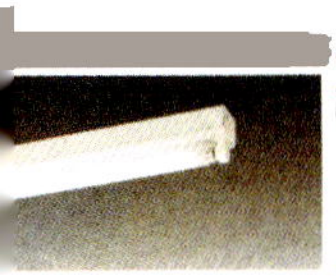

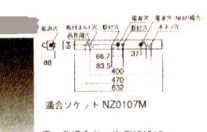

12V用ダウントランス(150～300W用)
NK00831
○標準価格 **16,300円** （税別）
W108・L310・H111・7.1kg
取付ピッチ280（ボルト取付専用）
12V300W用

注）一般ライトコントロールとの併合はできませんが、低電圧トランス対応タイプ（NQ20898T、NQ20899T）との併用なら調光操作が可能です。

標準価格 **5,400円**

E

40W×1

FA41032
GM(200V)　標準価格 **4,650円** (45-47W)(68.9-66.0 lm/W)
GH　　　　標準価格 **5,550円** (46.5-49W)(66.7-63.3 lm/W)
GH(200V)　標準価格 **5,550円** (45-47W)(68.9-66.0 lm/W)

40W白色蛍光灯1灯
仕　樹脂板厚　本体0.35・反射板0.3
本体鋼板（ホワイト）・反射板　鋼板（ホワイト）
1.9kg(GM・GH)・2.4kg(UH)
推奨ランプ FL40SS・W/37・FL40S・W(GM・GH)
FL40S・W/M・X・36・FLR40S・W/M・X(UH)
全光束 3100 lm(GM・GH)・3000 lm(UH)
備　適合ガード・FK41500
浅タイプ専業用照明器具FF41032(597頁参照)

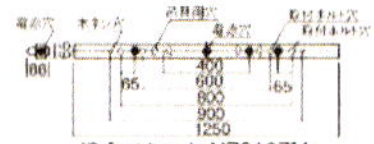

適合ソケット NZ0107M

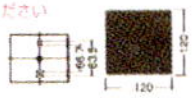

J

MD2721-01 ホワイト
¥5,800 （電球・トランス別）

- シールドレイハロゲン球
  GU5.3　12V75W
- 銅製仕上
- ダウントランスOP0331・0680別
- 取付け可能な厚み15～15mmです

●埋込穴φ100mm

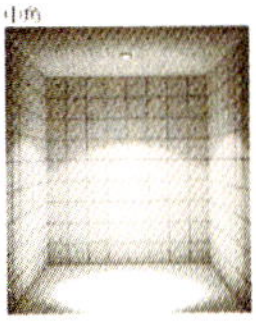

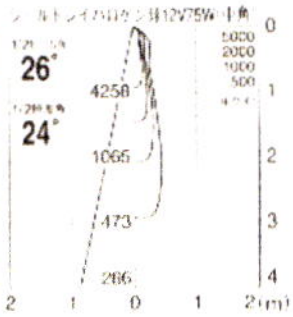

ダウントランス（12V35～50W）
OP0127-70　**¥4,300**

- 寸法／L132・W56・H60
- 重量／1.0kg

L

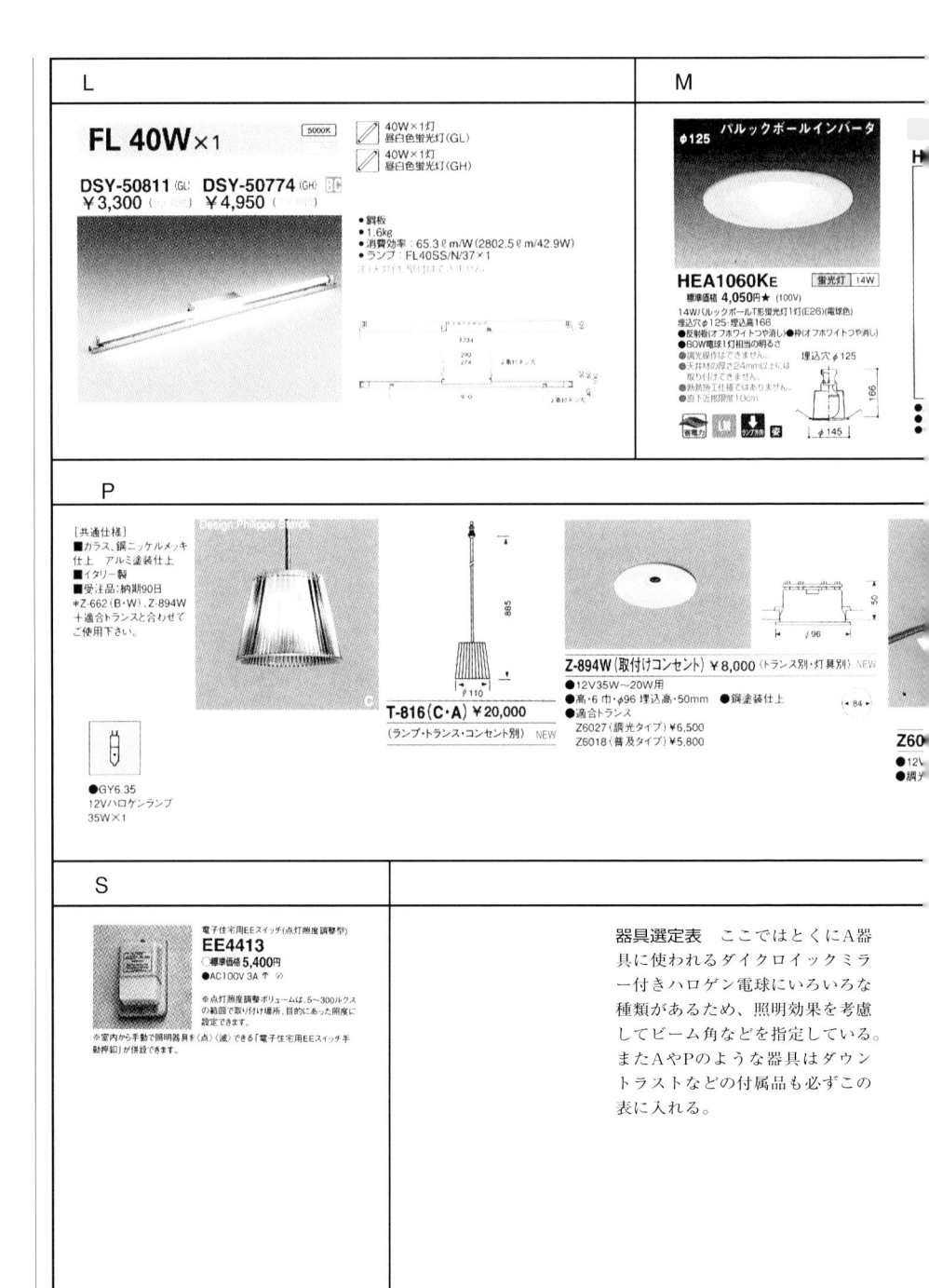

FL 40W×1 5000K

DSY-50811 (GL) **DSY-50774** (GH)
¥3,300　　　¥4,950

40W×1灯
昼白色蛍光灯（GL）
40W×1灯
昼白色蛍光灯（GH）

●鋼板
●1.6kg
●消費効率：65.3ℓm/W（2802.5ℓm/42.9W）
●ランプ：FL40SS/N/37×1

M

φ125　パルックボールインバータ

HEA1060KE　蛍光灯　14W
標準価格　4,050円★（100V）

14Wパルックボール下形蛍光灯1灯（E26）(電球色)
埋込穴φ125・埋込高168
●反射板（オフホワイトつや消し）●枠（オフホワイトつや消し）
●60W電球1灯相当の明るさ
●調光操作はできません。
●天井材の厚さ24mm以上には取付けできません。
●断熱施工仕様ではありません。
●直上左右隙間10cm

埋込穴 φ125
166
φ145

P

[共通仕様]
■ガラス、鋼ニッケルメッキ仕上　アルミ塗装仕上
■イタリー製
■受注品：納期90日
*Z-662（B・W）、Z-894W＋適合トランスと合わせてご使用下さい。

Design: Philippe Starck

T-816（C・A） ¥20,000
（ランプ・トランス・コンセント別）NEW

●GY6.35
12Vハロゲンランプ
35W×1

Z-894W（取付けコンセント） ¥8,000（トランス別・灯具別）NEW
●12V35W～20W用
●高・6 巾・φ96 埋込・50mm　●鋼塗装仕上
●適合トランス
　Z6027（調光タイプ）¥6,500
　Z6018（普及タイプ）¥5,800

S

EE4413
電子住宅用EEスイッチ（点灯照度調整型）
標準価格 5,400円
●AC100V 3A

※点灯照度調整ボリュームは、5～300ルクスの範囲で取り付け場所、目的にあった照度に設定できます。
※室内から手動で照明器具を（点）（滅）できる「電子住宅用EEスイッチ手動押釦」が併設できます。

器具選定表　ここではとくにA器具に使われるダイクロイックミラー付きハロゲン電球にいろいろな種類があるため、照明効果を考慮してビーム角などを指定している。またAやPのような器具はダウントラストなどの付属品も必ずこの表に入れる。

照明［あかり］の設計

N

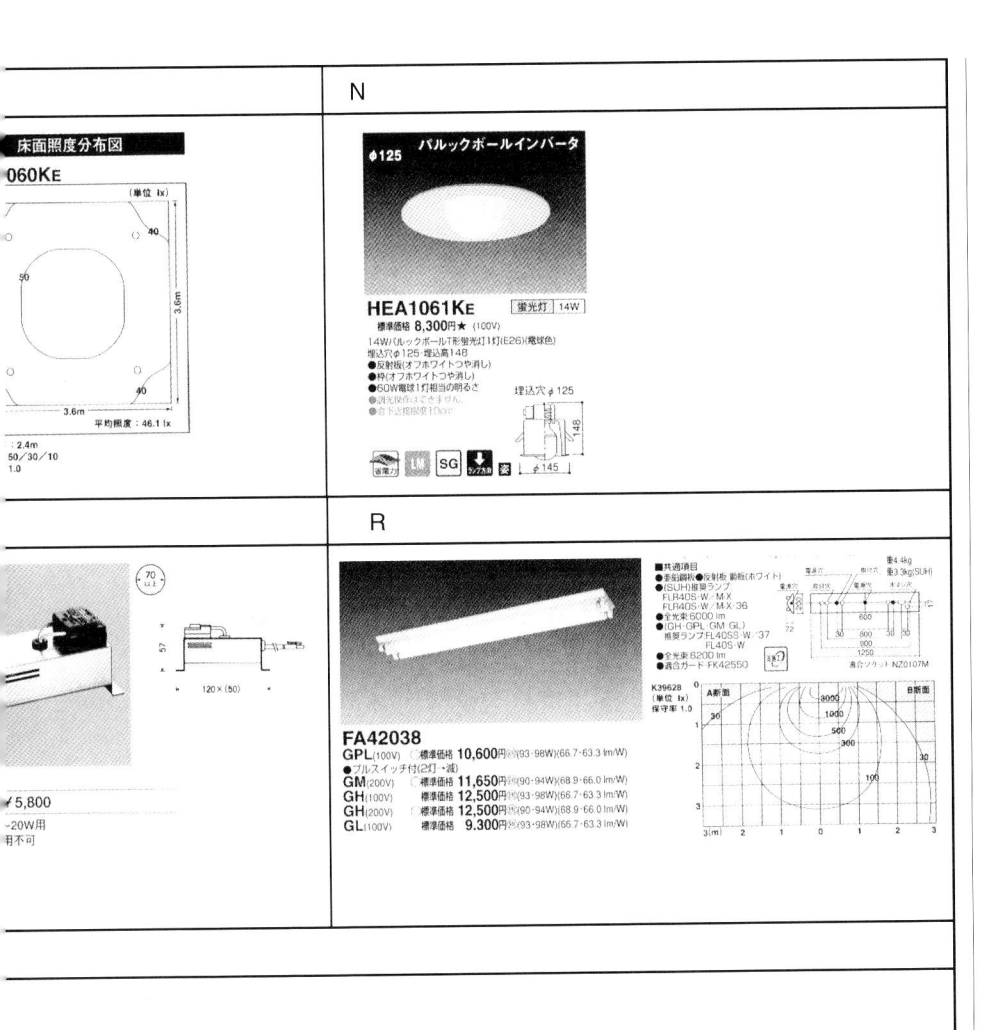

床面照度分布図
060KE
（単位 lx）

平均照度：46.1 lx
: 2.4m
50／30／10
1.0

φ125 パルックボールインバータ

HEA1061KE 蛍光灯 14W
標準価格 **8,300円★** (100V)
14W パルックボールT形蛍光灯1灯(E26)(電球色)
埋込穴φ125・埋込高148
●反射板(オフホワイトつや消し)
●枠(オフホワイトつや消し)
●60W電球1灯相当の明るさ
●調光機能はできません
●真下照度限度10m

埋込穴 φ125

R

5,800
−20W用
用不可

70以上

120×(50)

FA42038
GPL(100V) 標準価格 **10,600円** ㈱(93・98W)(66.7・63.3 lm/W)
●プルスイッチ付(2灯→減)
GM(200V) 標準価格 **11,650円** ㈱(90・94W)(68.9・66.0 lm/W)
GH(100V) 標準価格 **12,500円** ㈱(93・98W)(68.9・66.0 lm/W)
GH(200V) 標準価格 **12,500円** ㈱(90・94W)(68.9・66.0 lm/W)
GL(100V) 標準価格 **9,300円** ㈱(93・98W)(66.7・63.3 lm/W)

■共通項目
●本体鋼板●反射板 鋼板(ホワイト)
●(SUH)推奨ランプ
FLR40S・W／M・X
FLR40S・W／M・X・36
●全光束6200 lm
●(GH・GPL・GM・GL)
推奨ランプFL40SS・W／37
●全光束6200 lm
●眩光ガード FK42550

重4.4kg
重3.3kg(SUH)

適合ソケット NZ0107M

K39628
(単位 lx)
保守率 1.0

昼は昼らしく、夜は夜らしく、よりよい照明を創るために
―― あとがきに代えて ――

　照明の仕事を始めて、いつのまにか30年以上も経ってしまいました。この間、照明の何が変わったのかを、この本の執筆を契機に振り返って考える時間が得られました。おそらく白熱電球や蛍光ランプが発明されて普及の段階に入ったとき、人々の生活スタイルには大きな変革があったに違いありません。しかし、それも50年以上経つと照明産業は安定期に入り、光の量から質への目標に向かって着実に歩んできたように思われます。確かに一部では照明の質が向上しており、国際的な照明デザイン賞では日本の施設が毎年のように受賞しています。

　照明は空間を構成していくうえで重要な要素です。そしてそればかりではなく、照明は視覚のみならず精神や人体にも影響を与えることが、さまざまな学術研究からわかり始めています。最近、幼児の夜型生活化が社会問題になっていますが、その傾向との因果関係は定かでないものの、自己中心的な子や乱暴な子が増えているそうです。いま、照明といえば高齢者対応がクローズアップされがちですが、何か重要なことがほかにあるような気がしてなりません。

　照明が明るくなるにしたがって、人の生活の中心は

屋外から屋内に移り、その結果、自然光という大切な光のビタミン摂取が減少しています。そのビタミン不足を夜、人工照明で無意識の中で補おうとしているかのようで、私の勝手な推測ですが、これが夜行生活者を増やしている要因のひとつだと思います。

　いったん味わった夜の明るさを、いまさら50年前に戻れというのが無理難題なことは十分承知しています。しかし最近、昼は昼らしく、夜は夜らしい照明環境の復興が、にわかに注目されています。たとえば都市照明の話ですが、街灯や広告塔の光害をなくし、星が見える夜を復活させようとする動きなどがそれです。住宅でも必要な部分だけ明るくし、全般に照度が低下した分を、人間の目で感じる明るさ感を高めるなどの工夫が求められています。

　私はこの本の執筆にあたって、住空間を中心にインテリアコーディネーターやデザイナーを中心読者とし、また、照明に関心の高い一般の方も考えて、あまりわかりにくい数字や専門用語の羅列はできるだけ避けるように努めました。

　なぜなら照明は、とくに光源の改良がめざましく、照明器具が多様化していくと、もはや専門家以外はよくわからない内容になりつつあり、ライティングコンサルタントの活躍の場は増えるものの、一方で専門家が手がけない住宅などの現場では、誰にでもわかるような簡単な照明ですまされてしまうという心配があるからです。現実にその二極化が始まっており、とくに住宅照明には後者の傾向が強く感じられてなりません。

　もし、悪質な照明を与えられた場合、そのような光を我慢しながら生活しなければならないのは、住宅でいえば施主ということになります。ですから、施主が照明にもっと関心を持ってもらえるように、インテリアコーディネーターの方に是非がんばっていただきたいものです。よい照明を積極的に創るために、この本

がお役に立てれば、という気持ちでいっぱいです。

　最後に、この本の出版にあたって私を紹介してくださった、渡辺優先生にまず御礼を申し上げます。また、出版元の建築資料研究社のご理解と、企画編集担当の大槻武志氏からさまざまなアドバイスいただいたことが有意義でした。その結晶がこの一冊と考え、深く感謝するしだいです。

　　　2000年8月

　　　　　　　　　　　　　　　　　　　　中島龍興

●協力（順不同）
福多佳子／横田道子／天野育子

●写真（本文中に明記のもの以外すべて）
中島龍興照明デザイン研究所

●出版コーディネート
角谷正己［KSK］

●印刷コーディネート
小林靖［NISSHA］

●編集協力
青志舎

●カバー基本デザイン
松田行正

●ブックデザイン
泉太志［O₂ KeyStone］

●参考文献（順不同）
『生きる』1993年8月号　安田火災海上保険広報部
『照明デザイン入門』中島龍興、面出薫、近田玲子、1995年、彰国社
『人体にとって光とは何か』R・J・ブルトマン原著、1983年、日経サイエンス社
『光と影のドラマトゥルギー』ヴォルフガング・シヴェルブシュ、小川さくえ訳、1997年、法政大学出版局
『別冊商店建築34　ショップ・サイエンス』環境計画研究所、1988年、商店建築社
『高齢者のための照明・色彩設計』1998年、インテリア産業協会
『あかり文化と技術』照明普及会創立30周年記念出版委員会、1988年、照明学会、照明普及会
『ライティングハンドブック』照明学会編、1987年、オーム社
『The Great Illuminator』Philip Cialdella and Clara D. Powell、1993年、LD＋A／May, Illuminating Engineering Society
『CONCEPTS IN ARCHITECTURAL LIGHTING』M. David Egan、1986年、McGraw-Hill Publishing Co.
『闇をひらく光』ヴォルフガング・シヴェルブシュ、小川さくえ訳、1988年、法政大学出版局
『最新・やさしい明視論』照明学会編、1977年、照明学会
『陰影礼讃』谷崎潤一郎、1984年、向学社
『The Landscape Lighting book』Janet Lennox Mayer、1992年、John Wiley & Sons. Inc.
『インテリアコーディネーターハンドブック・販売編　改訂版』インテリア産業協会
『新版・茶道の心理学』安西二郎、1995年、淡交社
『新潮・日本文学アルバム7・谷崎潤一郎』笠原伸夫編集、1985年、新潮社
『LIGHT LIGHT LIGHT』Jane Grosslight、1984年、Durwood Publishers

中島龍興————1946年東京に生まれる。1969年東海大学工学部光学工科卒業。同年、
（なかじま・たつおき）ヤマギワ株式会社入社、その後㈱LDヤマギワ研究所、㈱TLヤマギ
ワ研究所、㈱ハロデザイン研究所を経て、1998年㈲中島龍興照明デ
ザイン研究所設立。住宅・店舗から都市景観の照明計画・設計を手
がける。文化女子大学非常勤講師、北京理工大学客員教授。日本照
明学会専門委員、北米照明学会会員、インテリアデザイン協会会員。
国際照明デザイン賞、JID賞（インテリアスペース部門）などを受
賞。主な参加プロジェクト／東京国際空港環境照明、キロロタウン・
ホテルピアノ、ハンティングワールド銀座店、くすの栄橋、燦々橋、
小田原ブルーウェイブリッジ、天空回廊吊り橋、鮎の瀬大橋、朝霞
市産業文化センター、多摩ニュータウン若葉台都市景観、ららぽー
と柏の葉、ロッテホテル・チェジュ（韓国）、クヮンアン大橋（韓
国・プサン）、バイチャイ橋（ヴェトナム・ハノイ）など。

コンフォルト・ライブラリィ………9
照明［あかり］の設計　住空間のLighting Design

2000年9月20日　初版第1刷発行
2008年1月30日　再版第1刷発行

著者　　　　　中島龍興

企画・編集　　㈲大槻武志編集事務所

発行者　　　　馬場栄一

発行所　　　　㈱建築資料研究社
　　　　　　　〒171-0014　東京都豊島区池袋2-72-1　日建学院2号館
　　　　　　　電話 03-3986-3239　FAX 03-3987-3256

印刷・製本　　日本写真印刷㈱

Copyright © 2000　NAKAJIMA Tatsuoki　Printed in Japan
ISBN 4-87460-563-X C2052